知的生きかた文庫

マーフィー
あなたは、何をやってもうまくいく！

マーフィー“無限の力”研究会

三笠書房

これが、「何をやってもうまくいく人」の"マインド・パワー"活用法！

――はじめに

二一世紀はバイオテクノロジー、さらには一〇億分の一メートルという超ミクロの世界の技術といわれるナノテクノロジーなど、ますます技術の高度化が進み、ハイテクどころかスーパーハイテクノロジーの時代になるといわれています。

社会システムも大きく変わり、多くの国で男性も女性も、自分が進みたい方向を自由に目指すことができるようになり、それぞれ能力を存分に発揮できるように進化してきています。もちろん、日本においても、です。

その一方で、競争はますます熾烈《しれつ》になり、能力のあるものだけが生き残ることができる厳しい社会になっている。これが現代という時代です。

この厳しい時代を生き抜く最高のハイテクノロジーとして、最近注目されているのが、潜在意識を活用する生き方です。潜在意識こそ、二一世紀、最も貴重な価値を発揮するスーパーハイテクノロジーだといってよいでしょう。

いま、あなたが自分で認識できる意識は、顕在意識と呼ばれるものです。顕在意識はあなたの意識を形成するほんの一部にすぎません。あなたの意識の総体は、海に浮かぶ氷山のようなもので、その大半は日ごろは意識の底に沈んでいます。この〝沈んだ部分の意識〟、これが潜在意識です。

潜在意識の研究が進むにつれて、潜在意識にははかり知れない力が潜んでいること、人が望むことは潜在意識がすべてかなえてくれることがわかってきました。恋愛、仕事、健康、そして、豊かな富に満たされて生きる……。潜在意識の力を生かせば、誰もが望む、こうした理想の人生を生きることができるのです。

二一世紀のもう一つのキーワードは「癒し」です。

雑誌やテレビのインタビュアーとして、さまざまな分野で成功者といわれる人たちに次々とインタビューを試みてきたあるジャーナリストがこう述べています。

「最近の成功者たちは、みな、本当にいい顔をしている。そして、ほぼ例外なく、仕事ばかりか、個人的な生活でも十分に満たされている」

そういわれれば、あなたもきっと思い当たるはずです。会社の同僚を見渡しても、仕事だけに全力投球し、友達もいなければ、もちろん恋人もいないという人よりも、公私ともに満たされ、仕事仲間とも明るくつきあえるような人のほうが、結局はよい仕事をし、よい人生を送っています。

恋愛に勝つ人は仕事もよくでき、逆に仕事がよくできる人は意外なほどよくもてます。貧相な印象もありません。少し前までは、エリートといえば怜悧《れいり》で孤高というイメージがつきものでしたが、最近は仕事のできる人は公私ともにきちんと満たされ、心の底から癒された生き方を手にしています。

なぜなら、この人たちは、自分の思ったとおり、願ったとおりの生き方を実現しているからです。それならば、いつも、心が満たされ、やすらいでいるのも当然です。

二一世紀のキーワード、癒しを実現するためにも、自分に最もふさわしい生き方を目指しましょう。これこそ、最高の癒しに満ちた生き方にほかなりません。

現代の成功者たちが、仕事の成功と同時に、公私ともに幸せで、そのうえ、最高の癒しを手にしている理由はたった一つに集約されます。彼ら、彼女らは、潜在意識の法則をよく心得ており、それに従った生き方をしているということです。

潜在意識の法則？　そうです。潜在意識には一つの法則性があります。それを明らかにしたのがマーフィー博士です。

ジョセフ・マーフィーは、アメリカで活躍した心の科学の研究家です。マーフィー博士は、人は誰でも、最高の幸せを手にするために生まれてきた、と主張しています。その主張の根拠になっているのが、人は誰も、潜在意識の偉大な力を与えられているという真理です。

成功と失敗、幸福と不幸。豊かか、貧しいか。その人の人生は、潜在意識の力を生かすか、そうでないかによって、まるで天国と地獄のように、大きな差が生まれるのです。マーフィー博士は多くの成功者の実例も明らかにしており、「潜在意識の法則」は、いまや世界中の人に支持される〝偉大な真理〟〝偉大な科学〟として広く認知されています。

重要なのは、潜在意識の法則は知らなければそれでいい、というものではないことです。潜在意識が持つ力は誰にも与えられているといいました。そのため、この法則を知らないまま、間違った姿勢で生きていくと、それでも潜在意識の法則はあなたの心の姿勢のままに働き、あなたの人生を誤った方向に引っ張っていってしまうのです。

仕事がうまくいかない、理想の恋人に出会えない、なぜかいつもお金に不自由している……。もし、あなたの現在の日々が、あなたが思い浮かべる理想の人生とは違うというなら、あなたは「潜在意識の法則」を知らないために、その法則を誤った方向で働かせているのかもしれません。その可能性が大きいと断言できます。

○よくも悪くも、この「牽引性・連環性」が決め手です！

潜在意識には、牽引性、連環性があります。これも怖い現象です。

日本は未曾有《みぞう》の不況に悩み、そこから脱却できずにもがいています。でも、潜在意識の法則からいえば、それも当然です。日本中、誰もが口を開けば「不景気だ。不景気だ。どうしようもない不景気だ」といっています。

景気の〝気〟は気持ちの〝気〟に通じます。「不景気だ、不景気だ」というたびに潜在意識に不景気だという思いが刻まれ、そのうえ、潜在意識の牽引性、連環性が働いて、もっと不景気な現象を引き寄せ、いっそう不景気になっていってしまうのです。

また、恋人がいない人は、こんなふうにつぶやいていませんか？「私（俺）なんか、これといった取り柄もないし、どうせ……」。そうつぶやくたびに、ますます、素敵な相手とは縁遠くなっていってしまう。

逆に「よいこと」を願えば「さらによい方向へ」発展するのも、この潜在意識の法則の特徴です。

○ただ一つの「例外のないルール」——それがマーフィーの法則です！

「潜在意識の法則」は、驚くほどシンプルです。欲しいものはただ、欲しいと願う。それだけです。かなえてほしい願いがあるなら、ただ、かなえてほしいと願う。それだけです。

ただし、心底、本気で、真剣に、微塵《みじん》の疑いや迷いもなく、です。そうすれば、その願いは潜在意識に刻み込まれ、潜在意識の偉大な力が、その願いを実現してくれます。どんな願いも、必ず、絶対に、です。例外はありません。

この潜在意識の法則を理解し、素直にそのまま実行すれば、あなたの人生は何もかもすべて、あなたが願ったまま、思いどおりのものになります。

この本では、それを実現する方法を、できるだけわかりやすいように具体的な例を示しながら、説明していきます。うまくいかない場合も示し、その原因も分析します。

読み進めていくうちに、あなたはしだいに、自分の人生が好転しつつあるという実感を得るようになるはずです。読み終えたころには、あなたはもう、不安も心配もなく、自信に満ちて、自分らしい理想の幸せを求めて歩んでいける人間に変わっていきます。

同時に、心がどんどん楽に解放されていくことも実感できるようになります。イライラしたり、ストレスにさいなまれたり……そんな日々とは決別できます。マーフィー博士が提唱する、自分が望むままに生きる生き方は、実は自分にとっていちばん楽で、心やすらぐ生き方でもあるからです。

この本を読むにあたって、できるだけ心を透明に、柔軟にし、この本に書いてあるすべてをそのまま、受け入れるようにしてください。そうすれば、あなたの人生は、いま、この瞬間から、あなたの願う方向に大きく方向転換します。

楽々と、望むものすべてを手に入れることができる。そんな人生の奇跡がいま、始まろうとしています。

この本との出合いは、その奇跡をあなたのものにする、大事な第一歩です。

マーフィー〝無限の力〟研究会

◎マーフィー　あなたは、何をやってもうまくいく！／目次

2章 どんなマイナスも「プラスの結果」に導く法

3章　「最高の名医」は、自分自身の中にいる！

4章 〝一生の財産量〟を決める「お金とのつきあい方」

5章 あなたの「恋愛力」は格段にアップする！

6章 これが、願ってもない「成功へのスタミナ源」!

7章 奇跡のように自分を変える「心の魔法」

1章

人生を決定的に変える「心のクセ」を身につけよう！

ここまで「ストーリー展開」ができれば、しめたもの！

Kさんは大学一年生のとき、突然、自分がやりたいことはゲームソフトをつくることだと直感したといいます。「自分はこの道を進む」と決意すると、次の日には、大学を中退してしまいました。ゲーム作家になるのに学歴はいらないと思ったからです。

その後、とにかく自分の作品をつくってみようと思い立ちましたが、資金がありません。精度の高いコンピュータ・グラフィックを制作できるコンピュータは、パソコンのレベルを超えています。とうてい、彼にまかなえる金額では手に入りません。

しかし、彼はけっして諦《あきら》めることなく、心の中では、毎日、「オレはゲームをつくる。世界一、美しくおもしろいゲームをつくる作家になる」と自分に向かって宣言していました。

そして、ある日、人気も、クオリティも第一級のゲームソフトを制作している会社に直接乗り込み、自分のゲームアイディアをぶつけてみたのです。もちろん、最初は取り合ってもくれません。しかし、冷たく追い返されても、追い返されても、Kさんは少しもめげません。そのたびに、「オレはゲームをつくる。世界一、美しくおもしろいゲームをつくる作家になる」と自分に宣言していた言葉が、彼の中でこだまのように響くからです。

ついに、制作会社も根負けし、彼のアイディアフラッシュを見てくれることになりました。その前日、Kさんは、自分のアイディアがスタッフ全員の称賛を受けている夢を見たそうです。

そして、結果は夢のとおり。といっても、すぐに作家の道が開かれるわけではありません。Kさんの第一歩は、アルバイトとしてその会社で働けるようになったことからでした。

毎日、本当に雑用ばかり。でも、そうした中でも、Kさんは毎晩、「オレはゲームをつくる。世界一、美しくおもしろいゲームをつくる作家になる」と願い続けたそうです。そのうちに、目をつぶると、自分が一人前の作家となり、ストーリー展開に合わせて画像を自由に操っているシーンが目に浮かぶまでになってしまったほどでした。

やがて、Kさんが口にするゲームのアイディアがおもしろいと、仲間内で小さな評判が立つようになり、ついにある日、「君も会議に出てみるか？」とチーフが声をかけてくれました。その会議で、前々からKさんが心の中で温めていたアイディアを提言したところ、すぐに採用されたのです。いまでは独立し、自分の制作オフィスを設立したKさんのもとには、海外のソフトメーカーからの発注も相次いでいます。

Kさんは、ロールプレイングゲーム、それも純愛もの、サスペンス、ホラーやバトルものなど、何でも幅広く手がける作家です。その理由は、

「皆が、自分のつくったゲームで楽しみ、ゲームをクリアしたとき、ちょっとした達成感を感じ、喜びや力を得てくれれば、テーマや表現方法はどんな形でもいい」

と考えているからだそうです。

Kさんの生き方には、期せずして、潜在意識の法則が見事に表れています。

人生には偉大な法則があります。それは「人生は、あなたの願ったとおりになる」という法則です。

この法則を発見したのが、マーフィー博士であるところから、「マーフィーの法則」とも呼ばれています。

Kさんが自分で、潜在意識の法則を活用しているという自覚を持っているかどうかはわかりません。しかし、大学生のときに「ゲームソフトをつくりたい」と直感する

と、以後はそのことだけを願い続けて、まっすぐに進んできています。毎日、自分が本当にそうしたいと願い続ける……。その姿勢が潜在意識を動かし、潜在意識の大いなる力が働き、Kさんに成功への道を開いたに違いありません。

しかも、Kさんの願いは、周囲の人々が喜びを感じてくれることだと、あくまでもポジティブです。

つねにポジティブに願い続けること。これもマーフィー博士が繰り返し強調している、人生を成功に導く鉄則です。

「私だって、毎日、真剣に願っていることがある。でも、その願いはちっともかなわない」という人も多いでしょう。

マーフィー博士は、願いがかなわない理由も明確に指摘しています。

願いをかなえたいなら、純粋に、何一つ疑うことなく、素直に、真剣に願わなければダメなのです。

ここまでいっても、たいていの人はこう考えているはずです。

「ただ願うだけで自分の夢がかなうなら、誰だって苦労はしないさ。人生はそんなに甘いものじゃない」

こんな考え方に固執したり、半信半疑という人は、潜在意識の力を自分の人生に生かすことはできません。

ただひたすら願い続ける。そうすれば、あなたの願いは必ず、かなえられます。

こんな願い方では、せっかくの人生も〝間違った方向〟へ

誰だって、人生に夢や理想を持っています。でも、たいていの人の願い方はこうではないでしょうか。

「できれば、ぼくだって社長になりたいよ（たぶん、無理だろうけどな）」

「私も、すばらしい彼と巡り合いたい（でも、現実は厳しいのよね）」

こんな願い方では、願ったことにはなりません。

それどころか、こういう願い方は、むしろ人生をあなたが願っているのとは反対の方向に向かわせてしまいます。

社長になりたいなら、ただ、社長になりたいと、素敵な彼と巡り合いたいなら、ただ、そう願えばいいのです。

この仕組みを説明しましょう。社長になりたい、素敵な彼と巡り合いたいというのは、あなたの心の働きです。一方、「たぶん、無理だろうな」とか「現実は厳しい」というのは、世間の評価や評判など、客観的なデータに基づいた情報を加えた判断、つまり、頭の働きです。

人生に頭脳の働きが不要だといっているわけではありません。**しかし、人生を願ったとおりのものにする、かぎりなく大きな力を持った潜在意識は、心の働きの原点なのです。そして生命力の源泉です。**

誰もが、自分の人生には大きな夢や理想を描いています。潜在意識の力を使って、その夢や理想をそのままかなえた生き方をする。それが、マーフィー博士が主張する生き方です。その生き方をあなたのものにするには、ただ一つ、条件があります。

それは、望んだことをそのまま実現できるということに、まったく疑いを持たないことです。「もし、できれば……」とか、「たぶん、無理だろうけど……」という思いが髪の毛の先ほどでもあるなら、あなたは夢をかなえることはできません。

たぶん無理だろうな、という思いが加われば、実際は「無理である」という思いのほうが現実になってしまいます。だから、理屈や言い訳抜きで、ただ、自分の願いをそのままストレートに願ってください。

一見、矛盾に満ちているように思えるかもしれませんが、潜在意識の法則を知れば、人生は、驚くほどシンプルで明瞭なメカニズムに支配されていることがわかります。

▶この巨大な〝氷山のパワー〟が、あなたのものに！

心素直に、強く願うと、なぜ、その願いが実現するのでしょうか。これこそ、潜在意識の偉大な力の成果です。

マーフィー博士は人として、理想の生き方を追求していった結果、その鍵は潜在意識にあることを発見した人です。そして、潜在意識の働きを深く研究した結果、潜在意識を思いのままに働かせることにより、自分の人生を、願いどおり、自分が思ったとおりの理想の人生に変えることができるという、普遍の真理を発見しました。

「たぶん、ダメだろうな」という思いをつけ加えてしまうと、「ダメだろうな」という思いのほうが実現してしまう理由も明らかにしています。

潜在意識の法則を身につければ、あなたの人生はたったいまから、あなたにとって、

理想の人生に変わります。

仕事の成功、素敵な恋人、欲しいものがすべて手に入る豊かな暮らし、身も心も健《すこ》やかで、輝くような幸福感に満たされた毎日……。そんな生活ができるかどうか、その鍵は、あなたがマーフィーの法則を信じ、実行するかどうか。ただ、それだけにかかっています。

潜在意識とは何でしょうか。

人には心があります。この心は、自分でもはっきりその動きを把握できる顕在意識と、自分では普段、その動きを感じることができない、潜在意識の二つで構成されています。「はじめに」でも少し触れましたが、氷山の一角という言葉があるように、意識の大半は顕在意識の陰に潜んでいる潜在意識によって構成されているのです。

この潜在意識は無限の力を持っています。その偉大な力を完璧に信頼しているならば、どんな願いも必ず、現実のものになります。例外はありません。なぜなら、この潜在意識の力は、宇宙を貫く法則であるからです。

潜在意識は誰の中にも潜んでいます。そして、その人の人生に必要なものをすべて、与えようとしています。あらゆる意味で、その人の人生を満たそうとしています。

もし、あなたが欲しいものすべてを手に入れているわけではなく、それどころか、足りないものだらけだというなら、あなたが潜在意識の力を封じ込めてしまっているからに違いありません。

どれほど偉大な力を持っていても、潜在意識にふたをしたり、間違った方向づけを与えてしまっては、潜在意識は本来の力を発揮することはできません。

奇跡はいま、「この瞬間」から始まる

クラス会は、マーフィーの法則を目の当たりにできるよい機会です。学生時代にはパッとせず、大して注目もされていなかったような人が大成功を収めているかと思えば、あの光り輝いていた彼女がどうしてそんなつまらない男と結婚したんだろう、そのうえ、借金苦の生活に甘んじているのか、といいたくなるような人もあります。

学生時代のイメージとの大きなギャップをつくった原因は、潜在意識をうまく活用したか、そうでないかの違いを示しているのです。

しかし、野球にも九回裏ツーアウトからの逆転劇があるように、人生もいつからで

も逆転が可能です。いま、この瞬間からでも、あなたの人生を逆転させたいなら、奇跡が起きないかぎり絶対に不可能だと思うような願望であっても、強く、ひたすら願いましょう。

すると奇跡が起こるのです。

こんな話があります。

ある男性会社員の父親がガンで倒れ、わずか三カ月でこの世を去ってしまいました。しばらく呆然としていた彼は、突然、ガンの専門医になりたいという気持ちを持つようになり、どうしてもその思いを捨てることができなくなってしまいました。

ところが現実は、父を失い、彼は母を扶養《ふよう》しなければならなくなり、会社をやめて勉強することなど、誰の目にも無謀に見えました。彼の母親ですら、いまさら医者になるなんて無理だと思っていました。

でも、彼の医者になりたいという気持ちはますます大きくふくらむ一方でした。

彼は、それまでも心理学を専攻していたぐらいで、日ごろから、精神論や成功哲学の本を読むのが好きで、マーフィー博士の本も愛読書の一つでした。彼は、マーフィーの法則どおり、迷うことなく、ただひたすら医師になりたいと願い続け、人の二倍も三倍も医学部に転入するための勉強に励むことにしました。きっと道は開ける。何の根拠もなく、彼はただ信じていました。

勉強していると、彼の脳裏には、ごく自然に、研究医になって、ガン撲滅のために戦っている自分の姿が浮かんできます。その姿に励まされるように、彼はいっそう勉強に専心していました。

その後、奇跡が起こりました。

彼が目指していた医学部の名誉教授が亡くなり、教授の遺言により、新たに特別奨学金制度が設けられることになったのです。それまで、あらゆる奨学金制度を調べましたが、社会人としてすでに年齢を重ねていた彼には受給資格がありませんでした。

ところが、この教授の遺言には、むしろ、彼のように、他分野の経験を積んだ人を優先すると書いてあったのです。ガンの治療には、患者さんの人生ごと引き受ける姿勢が必要です。そのためには、幅広い人生経験を持つ医者も待望されているのです。

こうして、彼が医師の資格を取得したのは四〇歳をだいぶ過ぎてからのことでした。

会社をやめ、受験勉強を始め、医大生、そして医師になるまで、彼には次々と幸運が舞い込み、奇跡の連続だったといいます。

その奇跡は、まさに彼自身が引き寄せたのです。

あなたもいま、この瞬間から、彼と同じように、奇跡を引き寄せることができる人間になれます。奇跡の鍵はあなた自身が握っているのです。

潜在意識こそ、人生に奇跡を起こす鍵です。

▼「運」さえ思いのままにコントロールできる

よく、強運の持ち主といわれる人があります。運の強い人になるためには、自分は運が強いと思えばいいのです。根拠は一切必要ありません。思うだけでいいのです。すると、本当に運がよくなっていきます。

日本の歴史上、最高に運が強かったのは豊臣秀吉だといわれています。日輪《にちりん》の子といわれた秀吉は、水飲み百姓の倅だった若い時代から、口を開けば「いまに天下をとる」といっており、周囲の誰もが、あの大ほら吹きが！　と笑いものにしたものです。

しかし、秀吉はそんな嘲笑にはめげず、「天下をとる」と心の中でいい続けました。

戦になれば、「この戦、絶対に勝ってみせる！」といい切りました。秀吉はいいことしか口にしなかったのです。

会社の仕事についても同じことがいえます。

AさんとTさんは、ある中堅旅行会社の営業マンです。旅行業界は激しい価格競争が繰り広げられており、利幅はやせる一方。そこで、営業マンはコストの高い企画旅行を売り込むために、懸命に営業活動を展開しています。

二人の性格は水と油で、Aさんは旅のプランを考えつくと「これはいい企画だ。絶対にたくさんのお客さんが申し込んでくれるぞ」と心底そう思い込み、確信に満ちて営業に回ります。一方のTさんは、同じような企画を立てても、「この程度の企画はきっと別の旅行会社も考えているに違いない。だとすれば大手にはかなわない。きっとお客さんを集めるのに苦労するだろう」と考えてしまうのです。

結果は明らかです。Aさんの企画はいつも満杯。一方のTさんの企画はなかなか成立にいたりません。Tさんは苦々しく、「Aは、単に運がよかっただけなんだ」といい捨てるばかりです。

しかし、AさんとTさんの明暗を分けているのは、旅の企画内容にあるというよりも、AさんとTさんの意識の違いにあるのです。Aさんはいつも前向きで、積極的です。自分の企画に自信を持っています。反対にTさんは、自信がないばかりか、自分の企画に猜疑《さいぎ》心《しん》さえ持っています。この違いが結果に反映されるのです。

残酷なようですが、現在の現実はすべて、自分自身が選んだ結果です。Aさんは強運を選び、Tさんは不運を選んでいるのです。

あなたはAさんタイプでしょうか。Tさんタイプでしょうか。どうもTさんっぽいという場合は、いま、この瞬間から意識を転換し、Aさんタイプを目指してください。明日、会社に行ったら、「今日、私の仕事は絶対にうまくいく」と考えるのです。なぜなら、自分は強い運を持っているのだから、と考えましょう。

「自分は運が悪い」「自分はついていない」と思っているなら、あなたは「ついていない人生」を選んだことになるのです。

「自分は運が強い」。こういい切りましょう。この言葉には、強運を引き寄せる魔法のような力が備わっています。

自分の運も、思いのままにコントロールできることを確信してください。

自分の人生は、誰の人生でもない。自分自身が選択し、自分自身で歩んでいくものだとしっかり自覚することです。

▼〝プラスの磁場〟をつくれば、次々とよいことが!

自分に暗示をかける、という経験をしたことのある方はきっとわかっていただけると思います。いいことを想像しているだけで、何となくいいことが本当に起こったような、何ともいえない、いい気分になってくるものです。この、何ともいい気分、これは潜在意識にプラスの影響を与えます。

しかも、このプラスの影響はプラスの連環を生み、もっともっといいことが起こるような気分になっていくから不思議です。その不思議を実現するのが潜在意識の大きな力です。

〝磁場〟をご存じでしょうか。ある性質のものをぐいぐい引きつける、不思議な力が働く場のことです。

潜在意識は心の科学だといいました。たしかに、潜在意識には科学的な現象が起こるのです。〝磁場〟に関する現象もその一つです。

潜在意識は、同種のものを引きつけ、どんどん拡大する性質があるのです。それを、潜在意識の牽引性、連環性と呼ぶこともあります。

きっといいことが起こると想像すると、潜在意識は次々といいことを引きつけるのです。運が運を呼ぶ。あなたもきっと、そんな日々を体験できます。

ところが、逆もまた真なりなのです。

悪いことが起こるのではないかと不安に駆られていると、本当に悪いことばかりが次々と起こります。

現実に「いいこと」はそう多くはないかもしれません。特に、最近のように不況では、いいことが起こることのほうが稀でしょう。でも、いいことを想像することはできます。

疑いもなく、心の底からいいことを想像するだけで、あなたはプラスの〝磁場〟を形成することができるのです。

潜在意識を働かせるのは、こんなに簡単だった！

潜在意識とは、あらゆることを可能にする、スーパーコンピュータのようなものだと考えてください。潜在意識に任せれば、人生のあらゆる問題は解決できます。

最近はソリューション・ビジネスという言葉がもてはやされていますが、潜在意識はどんな課題にも、最高、最善のソリューション（問題解決）をもたらす、偉大な力の源泉です。

パソコンを持っている方は、初めて買った日のことを思い出してください。立派なパソコンを目の前にしても、何をどうしたらよいのかわからず、そのすばらしい機能を十分に活用することができなかったのではないでしょうか。

現在のあなたの状態は、そのときによく似ています。潜在意識というスーパーコンピュータが自分の手元にあることはわかったけれど、それをどう使いこなせばよいのかわからない……。

でも、けっして不安になる必要はありません。潜在意識を使いこなすのは、驚くほど簡単です。

まず、自分が本当に願っていることを心に思い浮かべてください。それだけで、すでに潜在意識は働き始めています。真剣に、強く、願い続けてください。

具体的な願望を思いつかないなら、「私はだんだんよくなっていく」「私はだんだん幸せになっていく」と現在進行形で願うだけでよいのです。

見えない力が自分の中から湧き上がってきて、静かに自分を満たしていく、そんな実感が込み上げてきませんか。

万能のパソコン――でも〝正しく入力する〟のがあなたの役目です

潜在意識の法則に照らし合わせれば、あなたの現在の姿は、実はあなたが願ったとおりの姿だということができます。

「これといった特技もない平凡な毎日。もう少しマシな人生を望んでいたはずだった」とか、「彼は平均的な会社員。私は、もっとかっこよくて、リッチな彼との出会いを求めていたのだけれど……」

それなのに、なぜ、自分の願望は実現しなかったのだろう。そう怪訝《けげん》に思っている人もあるでしょう。

はっきりいえば、あなた自身が「平凡な毎日」を望んだのです。あなた自身が「平凡な会社員の彼」との交際を願ったのです。

そんなはずはないというなら、あなたは願望のインプットの仕方を間違えたに違いありません。

潜在意識を働かせるには、「こう働いてほしい」という思いをインプットしなければなりません。日ごろ、パソコンを使い慣れている方なら、パソコンはハードだけでは無用の長物で、ソフトをインストールし、さらにキーボードを叩いて、自分がこうしたいということをインプットしなければ、何の役にも立たないことをご存じでしょう。

潜在意識はパソコンと同じように、たとえば「日本語で文章をつくりたい」とか、「一覧表を作成して、合計を出したい」というように、自分がこうしたいということを具体的にコンピュータにインプットしなければ動き出しません。

ただし、インプットする方法はパソコンよりもずっと簡単です。キーボードを叩くかわりに、ただ、自分の願いがかなった状態を思い浮かべる。それだけでいいのです。

このとき、できるだけリアルに、具体的に、その願望がかなった場面を想像してください。

よいことを思えばよいことが起こり、悪いことを思えば悪いことが起こる。これが

潜在意識の絶対法則です。

将来、建築家になりたいと思っていたとします。それならば、建築家になって、近代的なビルを設計し、建築現場に立ち会っている、そんな自分をできるだけリアルに思い浮かべればいいのです。

コンピュータに間違った入力をした場合はどうでしょう。コンピュータは自らには修正能力はなく、入力されたままに動きます。潜在意識もそれと同じで、インプットされたイメージどおりにしか動きません。建築家になりたいと思いながら、「でも、自分は理系は苦手だから、たぶんダメだろう」と考えたとします。すると潜在意識はそのとおりに反応し、「たぶん、ダメだろう」という、あなたの思いどおりに、「建築家になることはダメ」だという現実をもたらすのです。

潜在意識はその心の奥の思い、あなたの本音を見逃しません。それをそのまま実現してしまいます。

潜在意識はつねに、その法則どおりに働いています。

▼「どうせ、私なんか……」という口グセとは決別しなさい

Oさんは三〇代後半の、一見、どこにでもいる女性です。特別な美女でもなければ、すばらしい頭脳の持ち主というわけでもありません。

現在、彼女は、ちょっと変わったインテリアで有名な、飲食店チェーンを経営しています。出す店舗、出す店舗がたちまち評判になり、連日、超満員。儲かり放題といってもよいくらいです。彼女が経営するレストランチェーンは、時代のトレンドを引っ張る役割を果たしています。

一〇年前の彼女を知っている人が現在の彼女にあっても、すぐには同一人物とは気がつかないかもしれません。一〇年前の彼女は、毎日、大して好きでもなければ、もちろん生きがいも感じられないまま、事務職を淡々とこなし、できればいい男性をつかまえ、何とか三〇歳までに結婚したいとあせっている、どこにでもいるただのOLでした。

自分なんか、特別なことができるはずはないと思い込み、結婚するぐらいしか生き

ていく道はないと、結婚を逃げ場とみなしていました。

ところが、そう思えば思うほど、彼女は恋愛運にも見放され、それまでつきあっていた同僚の男性からも、「一生を共にする気はない」とはっきり宣言されてしまいました。

そのころ、彼女の口グセは、「どうせ、私なんか……」というものでした。「どうせ、私なんか、ただのOLだし……」とか「どうせ、私なんか、平凡な結婚をするしか能がない」という具合に。

ところが、失恋して会社にもいづらくなってやめてしまい、結婚資金として貯めておいた貯金をおろすと、海外旅行に出かけました。その旅を通して、貧しいけれど満ち足りた表情で生きているたくさんの人に出会い、彼女は大きく変わったのです。気がつくと、彼女の口から「どうせ」とか「私なんか……」という言葉が発せられることはなくなっていました。自分は自分らしく、やりたいと思うことをして生きればいいのだという確信を持てるようになったからです。

旅から帰ったある日、彼女はたまたま出会った飲食店関係者に、自信に満ちた口調で自分のアイディアを伝え、それがきっかけでレストラン経営を任されるようになったのです。

そのアイディアとは、旅先で見た、タイの寺院のような雰囲気の場所やヨーロッパの教会風の店、イスラム寺院風の店などをつくることでした。そこは、仕事に疲れたOLやビジネスマンが気軽に立ち寄り、心身の疲れをほぐす場にする……。

そのアイディアが時代にマッチし、大当たりしたというわけです。

いま、彼女は、店の空間デザインを通して知り合った、年下のインテリアデザイナーの男性と一緒に暮らし始めています。結婚するかどうかはわかりません。彼女の中に、結婚を逃げ場にする気持ちは少しもないからです。二人一緒にいられれ、共に前進していければそれでいいという揺るがぬ思いを共有し、彼女は公私ともに満たされ、輝いています。

▼「もしも……」「できたら……」は雑念がある証拠！

人にものを頼むとき、「もし、できたら……」という言葉をよく使います。

「もし、できたら……」という言葉は謙虚で、慎み深く、相手の寛大な気持ちに訴えかけるような響きがあるからでしょう。

でも、潜在意識に自分の願望を伝えるときは、そんな言い方をする必要はありません。潜在意識は自分の中に潜んでいる力です。自分で、自分の力を引き出し、自分の力で願っていることを実現するのです。誰に遠慮が必要でしょうか。

潜在意識に願望を伝えるときに必要なのは、謙虚や慎ましさではなく、絶対の確信と自信です。自分に向かって「もしも」とか「できたら」といっている間は、その願望はそんなに強いものではなく、絶対にかなえてほしいものではないと自ら認めているようなものです。自分に向かっていう「もしも」「できたら」は、自分に対する不信や決意の曖昧《あいまい》さを表現する言葉にほかなりません。

あなたのいちばん大切な人、恋人でも、わが子でも、自分を育ててくれた両親でも誰でもいい、とにかく、あなたの人生にとってかけがえのない人の命の灯火《ともしび》が消えかかっているとします。そんなとき、あなたは「できたら……大切な人の命を助けてください」と祈るでしょうか。そうではなく、誰が何といっても、誰の言葉も耳に入らないほど必死に、ただ祈り続けるでしょう。

潜在意識に願いを通じさせるためには、そのくらい、一心不乱に、そのこと以外は何も頭に浮かばないというくらい、集中して願うことが必要です。

不安や迷いがある間は、まだ、あなたの願いはそれほど真剣ではないのです。そうした間は、潜在意識の大いなる力は十分に働くことはありません。

映画を観るように〝心のスクリーン〟に映し出すだけで……

スポーツ選手には、自分の成功イメージを脳裏に描くことで成功を手にした経験の持ち主がかなりあります。スピードスケートの清水宏保選手、女子マラソンの高橋尚子選手などは、皆、この成功イメージで、輝くメダルを勝ち取りました。

もちろん、メダルは日ごろの猛烈な練習などの努力の賜物《たまもの》ではありますが、世界の同レベルの強豪と競り合って、最後の一瞬に勝利を手にするためには、潜在意識の応援も得たほうがいいに決まっています。

そこで、多くのスポーツ選手がスタート前に、自分がベストタイムを記録しているところ、トップでゴールし、胸でテープを切るところをありありとイメージします。

すると、このイメージが潜在意識に焼き付けられ、潜在意識はその映像を現実化するために偉大な力を発揮するのです。

あなたもこの潜在意識にイメージを焼き付ける方法を実行しましょう。

もし、どうしても欲しい役職があるなら、その役職に就いて、実力を思う存分発揮している自分を強くイメージするのです。映画を観るように、できるだけありありと、そのとき着ているスーツの色まで明確にイメージすることがコツです。

Yさんは外資系の化粧品会社に勤務しています。学生時代から海外勤務に憧れており、夢を実現したいと、仕事の後、語学教室に通って、フランス語のブラッシュアップに努めていました。ところが、現実に任命されたのは、地方都市のデパートのコーナー担当。

普通なら、しょげてしまうところですが、彼女はもともと、明るく前向きな性格で、けっして夢を捨てず、いつもフランスでのびやかに仕事をする自分を思い浮かべていました。仕事場はパリのデパート。夢の中の彼女はフランス語もなめらかで、現地でできたたくさんの友人と流暢《りゅうちょう》におしゃべりしています。休日には小さな犬を連れて、パリの公園を散歩します……。そんな細かなところまで、はっきりと思い浮かべ、そんな自分のイメージを楽しんでさえいました。

明るい彼女はお客さまにも好かれ、地方デパートの売上をぐいぐい伸ばし、社内でもつねに注目される販売スタッフに成長していきました。そして入社から五年たったとき、ついに、パリ勤務の白羽の矢が彼女に立てられたのです。

こうして現在では、Yさんはパリの一流デパート、ギャラリー・ラファイエットでピカイチのスタッフとして活躍しています。スーツを小粋《こいき》に着こなしているところ、フランス人のお客さまにはフランス語を巧みに操り、パリに住む日本人には日本語で対応し、売上もしっかり確保しています。ちゃんと犬も飼っていて、なんと犬の種類まで夢に見ていたとおり。

あまりにも、以前、よく見ていた夢とそっくりそのままの同じ日々に、Yさんはときどき苦笑していますが、夢を通じて潜在意識に明確なイメージをインプットしたのは、ほかならぬYさん自身です。潜在意識は、そのイメージどおりの現実をYさんの上に実現しただけです。

▼絶大な効果を約束する「言葉の魔法」

予備校の模試の結果では、Uさんが志望校に合格する確率はわずか二〇パーセント程度でした。今年は試験の雰囲気を体験するために、とりあえず受験してみなさい。高校の先生も、予備校の指導でも、口をそろえてこういわれてしまいました。

Uさんはシングルマザーに育てられ、浪人すればその母に大きな負担をかけてしまうことは見えみえでしたので、何としても志望校の国立大学に合格したいと願っていました。一心に勉強したことはいうまでもありませんが、Uさんは毎日、勉強に疲れて倒れ込むように寝る直前、必ず、こういう習慣をつけていました。

「よぉーし、絶対、今年、合格するぞぉ！」

合格発表の日、見事合格したことを報告すると、高校の教師も予備校の先生も「奇跡って起こるものだね」といって、目を見開いて驚いたそうです。でも、潜在意識の法則を知っていれば、Uさんの合格は必然的にもたらされたものと、納得したことでしょう。

潜在意識に願望を刻み込む場合、願望を口に出してはっきり自分に向かって宣言すると、非常に強い効果を発揮するのです。

聖書には「はじめに言葉ありき」とあります。日本語にも、言霊《ことだま》という言葉があります。言葉には、見えない力を動かす、不思議なパワーが宿っているのです。

普段でも、右にしようか左にしようか迷っているとき、「決めた！　右にしよう！」と口に出していうと、それまでの迷いがウソのように、絶対右のほうがいいに決まっていると思えてくる。そんな体験をしたことがありませんか？

言葉にはそれだけの強い力が潜んでいます。

強く願うことは必ず口に出して、毎日、自分に向かって宣言するように習慣づけましょう。口に出しているうちに、その願望は潜在意識にしっかり刻み込まれ、やがて、その願望は絶対にかないます。

会社によっては、朝礼で「新製品の売上目標は一〇〇億円。全員の力を結集して、頑張るぞぉ！」などと唱和しているところがあります。一見、時代錯誤のように感じられますが、実は、この方法は潜在意識の法則にかなっています。言葉に出すことにより、全員の潜在意識に、目標を達成しようという強い願望がインプットされるからです。ただし、お腹の中で、「バカバカしい。いまどき、こんなことやってらんないよ。こんなことしたって、一〇〇億円達成なんて無理に決まってるさ」などと思い、「頑張るぞぉ！」という言葉も口の中で形ばかりつぶやくだけだったりすれば、目標達成はできません。

潜在意識は、あなたの本音の部分、「一〇〇億円達成なんて無理に決まってるさ」という部分に反応してしまうからです。

かつて、日本には「お百度を踏む」という習慣もありました。どうしてもかなえたい願いがある場合は、近くの神社などで「どうか、望みがかないますように」と一〇〇回、繰り返して願う。これを毎日続ければ、困難な願望もきっと実現するという信心です。これも、私たちの祖先が、潜在意識の法則を感知し、つくり出した習慣だったといえるでしょう。

祈りがかなうという字は「叶う」、口偏に十と書きます。願望をかなえるためには、「一〇回は口に出して願わなければならない」という意味が込められているのでしょう。この場合、一〇回とは文字どおりの一〇回ではなく、何度も何度も繰り返し口に出すことを意味しています。

願いをかなえ、自分の望んだとおりの結果を手にした人は、それだけ絶えず願い続けていたのです。絶えず言葉に出して願い続ければ、あなたの願望は必ず、かなえられます。

願望をインプットする〝最高のタイミング〟がある！

どんなに忙しい人でも、人間は必ず睡眠をとります。人はなぜ睡眠をとらなければならないのでしょう？

休息をとるため？　疲労を回復するため？　しかし、睡眠中も心臓など内臓は休むことなく活動しています。皮膚細胞などは眠っている間にも活発に分裂活動を繰り返しています。だからこそ、女性は寝る前に栄養たっぷりの美容液やクリームなどを肌に伸ばすのです。

眠りの本当の意味は何なのだろうと、眠りのメカニズムを研究し続けたアメリカの脳生理学者ジョン・ピゲロー博士は、睡眠は人を理想の人生に導くために欠かせない時間なのだという確信を得たといっています。

「眠りによって、人の精神が日常的な事象から切り離される。すると、日中、主役を演じていた顕在意識が退き、かわって潜在意識が働き始める。こうして、その人の人生にとって、最高の判断や英知が引き出される。そして、釣り合いのとれた精神状態が発展していく……」

つまり、睡眠は、潜在意識が伸びやかに活動するための時間なのです。

意識には顕在意識と潜在意識があることはすでにお話ししたとおりです。日常、私たちをコントロールしているのは主に顕在意識のほうです。ところが、起きている間はさまざまな悩み、争い、心配事が頭を巡り、自分自身の本音と対峙《たいじ》することはできにくいものです。暑い、寒い、忙しい、疲れた……といったことも意識に影響を与えます。

しかし、眠っている間は、こうした外界からの刺激や妨害から逃れ、自分自身だけの世界が開けます。このとき、潜在意識が伸びやかに働き出すのです。

だとすれば、眠る前に、自分の望みや理想をしっかり潜在意識に植えつけておけば、潜在意識はその方向に、より効果的に活動することになります。潜在意識に願望をインプットするなら眠る前が最高のタイミングだというのは、こうした理由からです。

とうてい合格は無理といわれた難関を見事に突破した受験生は、毎晩、眠りにつく前に、「よぉーし、絶対、今年、合格するぞぉ！」と自分に向かって叫ぶように宣言していました。

彼は、最も効果的なタイミングを逃さず、絶対に合格したいという願望を潜在意識に刻み込んでいたわけです。

▼〝早朝瞑想〟で、人生が信じられないほど一変した！

Wさんが早朝に瞑想を始めたのは、稲盛和夫氏の本を読んだことがきっかけです。Wさんは、当時、編集プロダクションを経営していました。経営者といえばかっこよく聞こえますが、それまで勤めていた小さな出版社が倒産してしまい、一人では仕事場の家賃が払えないことから、放り出された仲間三人と、ワンルームマンションを借りて事務所を始めたというのが実情です。

それまでも収入は少なく、おまけに毎晩、大酒を飲むクセがどうしても直らず、年中、肝臓を悪くし、病院とも縁が切れませんでした。そんなことから、勤務先が倒産すると、奥さんはついに離婚を決意。二人の子供があったことから、彼に家を出ていってくれと迫りました。

こうして、仕事も家族も、住むところさえ失ってしまった彼は、友達の家を転々と泊まり歩きながら、眠れない夜を過ごすようになり、そんなある日、深夜、孤独と向かい合っているときに、出版社時代にある本を手がけるときに参考にした、稲盛和夫氏の本が忽然《こつぜん》と頭に浮かんだのです。

稲盛和夫氏は、町工場だった京セラを世界的な企業に育て上げ、最近は通信事業でも大きな実績を上げている日本を代表する経営者の一人です。しかし、若いころは希望の就職先にはすべて落ち、おまけに死にいたるような大病を患《わずら》うなど、さんざんな体験も持っています。

稲盛氏はそのころから、早朝に目覚め、毎日、瞑想する習慣を身につけました。この習慣は、功なり名を遂げたいまも変わらないと聞いています。

Wさんは、再起を期して、その習慣をまねることにしました。まず、それまで昼近くに起きていた生活を改め、早朝四時ごろに起きるように、生活習慣を改善。目覚めるとそのままベッドに座り、目を閉じて瞑想します。

こうして五年がたちました。現在、Wさんは、首都圏一帯の情報ビジネスの中心的な存在となり、最近では関西、さらには上海《シャンハイ》にもビジネス拠点を広げています。

成功の鍵は、それまでの編集技術をIT上で活かしたことです。情報を求める動きは日々活発になり、インターネットや携帯サイトで情報を求める人は急増しています。最近でこそ、ようやくそうした動きに着目する人が増えていますが、Wさんは五年前にITビジネスに転身したため、数少ない先行者の一人となり、仕事は日々、増える一方。念願の自社ビルを建設し、社員も増え続けています。

「朝の瞑想のお陰です。ビジネス展開上の迷いがあっても、瞑想していると、自然に答えが見えてくる、そんな体験を何度もしています。このときの答えどおりに進んで間違ったこともなければ、後悔したことも一度もありませんね」

早朝に起きる習慣がついてからは夜中まで大酒を飲むこともなくなり、そのためか、いまでは健康状態も絶好調。顔色もよく、表情にも余裕が生まれ、五年前のうらぶれたWさんがウソのように、自信にあふれた、勝ち組ビジネスマンの余裕さえ漂わせています。

実は、三人の共同経営者がすべて成功したわけではありません。あとの二人とは途中、たもとを分かち、彼らはいまも小さなワンルームマンションを拠点にフリーの編集者として仕事を続けています。

なぜ、Wさんだけが大成功できたのでしょうか。その最大の理由が、Wさんが始めた早朝の瞑想にあったのだといっても過言ではないでしょう。

早朝、つまり、まだ十分に覚醒《かくせい》していない状態は潜在意識が働いており、意識の表層に表れていることが多いのです。よく、瞑想の体験者は精神を統一し、瞑想していると、潜在意識が自分に情報を送っていることに気づくことがあるといいます。

「巨大な投資を必要とする新規事業を始めるかどうかというような経営の岐路に立ったとき、さすがに迷いが生じて決断がつかないことがあります。しかし、瞑想をしていると、ふっと迷いが吹っ切れ、進むべき道が見えてくることがあります」

これは稲盛氏の言葉ですが、Wさんも同じような岐路を何度も経験したといいます。進むべき道を示してくれる。これは、潜在意識があなたにベストの選択という情報として送ってきたことにほかなりません。

同業者の間で、Wさんの成功は「七不思議の一つ」とさえいわれているそうです。ビジネスの成功もそうですが、何よりもWさんの人格が一変してしまったからです。

早朝の瞑想には、人生や人格を一変させるほどの大きな力が潜んでいます。

「現状をシビアに、だがネガティブに取らない」ことがミソ

潜在意識にひたすら願望を刻み込めば、願望は必ずかなえられる。この法則にウソや例外はありませんが、ここでもう一つ、大事なことがあります。どんなに現実が苦しくても、それをネガティブに受け取ってはいけないということです。

潜在意識は、ネガティブなものに特に大きく反応します。不安、不満、嫉妬《しっと》、羨望《せんぼう》……。あなたの意識に、ほんの少しでもこうした思いが潜んでいると、それをけっして見逃さず、そのネガティブな思いを増幅してしまうのです。

現状に不満を抱き、会う人ごとに愚痴《ぐち》をこぼしたり、「私の人生はこの程度のもの」と諦め切ってしまうなら、あなたの人生はいまより少しもよくならないどころか、不満や不幸感がさらに拡大する方向に向かってしまいます。

現在の状況は、現在の自分にとってベストな状態であると受け入れること。これも、潜在意識のパワーを引き出すために欠かせない原則です。

「成功して満足するのではない。満足していたから成功したのだ」。これは、フランスの哲学者アランの言葉です。

現状をありのままに受け入れ、それに一〇〇パーセント満足しながら、さらによりよくなることを願う……。一見、矛盾しているように感じるかもしれませんが、これは共存できる思いです。

どんな状況でもこれで完全無欠。これ以上、望むものはないということはあり得ません。人間はつねにもっと高く、もっと豊かに、自分の人生をグレードアップできるのです。いいえ、人生をより高く、より豊かに、より幸せに進めていくことこそが生きる意味だといってもよいでしょう。

現状に十分満足しながら、それに甘んじることなく、もっとよりよい方向に向かって自分を進化させていこうという姿勢。潜在意識が最も強く支持するのは、こうした姿勢です。

そうした姿勢を確立できた人だけが、潜在意識をよりパワフルに働かせ、自分が思い描いていたとおりの人生を手に入れることができるのです。

欲しいものすべてを〝同時〟に手に入れなさい

これはマーフィー博士が講演でよく話したケースでもあります。はたから見れば、とてつもなく欲張りな女性がいました。彼女は、宝石も、オートクチュールのドレスも、一流ブランドのバッグやアクセサリー、豪華な家、快適な車も欲しがり、そのうえ、何もかも欲しいという気持ちを抑えられないのです。彼女は子供のように天真爛漫《てんしんらんまん》な女性で、欲しいものには手を伸ばします。

普通なら、そんなに欲張らずに、どれか一つか二つにしなさいとアドバイスするでしょう。しかし、潜在意識にはどんな願いでもかなえる無限の力があることを知っていたマーフィー博士は、それをすべて求め続けるように、アドバイスしたのです。同時に、彼女に、毎日、「私は最高に幸せな人生を送る」と、何度も口にすることもアドバイスしました。ただ、それだけを口にし、願いがすべてかなえられることを信じなさいと。

彼女は、マーフィー博士の言葉に何の疑いも持たず、毎日、「私は最高に幸せな人生を送る」といい続けました。

前に述べたように、こうしたいい言葉はいい〝磁場〟をつくり、いいことをどんどん引き寄せます。

ある日、彼女にこれ以上ないような幸福が訪れました。彼女を見かけたある大会社の社長の息子が彼女に交際を申し込み、三カ月後にプロポーズしたのです。

プロポーズの理由はこうでした。「彼女と一緒にいると、心の底から幸せだなという思いが込み上げてくるのです。一生、こんな思いの中で暮らせたら、どんなにいいだろうなと思ったのです」。

彼はバツイチでした。前の奥さんは天が二物も三物も与えたような女性で、非の打ちどころがないかわりに、夫が自分には不足に見えてしまうらしく、彼をくつろがせることがなかったのです。

ところが、彼女は、いつも幸せそうにほほえみ、そのほほえみが周囲のものまで幸せに染め替えてしまいます。社長の息子という立場から、それまでもすばらしい女性には何人も出会いましたが、彼女のように、かぎりなく人をくつろがせ、幸せに包んでしまう女性はありませんでした。

彼女も彼を心から愛するようになっていました。実は交際のはじめ、彼は自分が社長の息子であり、いずれはその大会社を背負って立つ立場であることを隠していました。多くの女性が彼の立場に引かれて寄ってくるため、彼は疑心暗鬼になっていたのです。そこで、自分の立場を隠し、本当に自分という人間を愛してくれる女性との出会いを求めることにしたというわけです。

こうして、彼女は欲しいと思っていたものすべてに加えて理想の夫まで手に入れ、何一つ欠けるところのない、最高に幸せな人生を送っています。彼女が願い、毎日、口に言葉に出していた言葉がそのまま実現したのです。

もう、これで十分。このあたりで満足しなければバチが当たる……。潜在意識にはそんな慎ましさは必要ありません。そうした慎ましさはマイナスに働き、願いを封じ込めてしまうだけです。

かぎりなく、何でも欲しいだけ、願い続けてください。

人生の成功者は例外なく、壮大な望みを抱いている人です。

人間は欲求の動物です。自分が欲するものを求める気持ちを一〇〇パーセント肯定し、強く望めば、実現への第一歩を踏み出し始めたことになります。いちばんいけないのは、自分の欲求を恥じることです。もっともっと、いっそう、さらに……。こうした言葉で欲望を大きく強くふくらませていく姿勢。成功者は共通して、こうした姿勢を持っています。

人は誰でも、世の中のどんな問題にも打ち勝てる無限の貯水池を持っています。もちろん、ここでいう貯水池とは潜在意識のことです。潜在意識の貯水池は無限の水をたたえています。

潜在意識はどんな欲張りな願いでも、かぎりなく願い続けても、それをすべてかなえる無限の可能性を秘めています。それはあなたに使われることを待っているのです。

しかし、その存在に気づかないのは、池のほとりにいながら、ノドが渇いたと叫んでいるのと同じことです。

マーフィーの人生を成功させる法則とは、この水を最大限、活用する方法論だということができるでしょう。

2章

どんなマイナスも「プラスの結果」に導く法

盲目の世界的ピアニストがつかんだ〝ベストな人生〟

生後一カ月で小児ガンによって片方の目を摘出手術。その後、中学生のとき、残った片方の目にもガンが発生し、これも摘出。全盲になった……。こんな運命に見舞われたら、あなたはどうするでしょう。

運命を呪い、自暴自棄になって生きる？　自暴自棄にはならないまでも、全盲なのだから仕方がないと周囲の人を頼り、人にすがって生きていく？　そのどちらかを選ぶ人もいるのではないでしょうか。

ところが、梯剛之《かけはしたけし》さんはその運命を受け入れ、自分には目のかわりに一度聞いたメロディーを正確に覚える能力が備わっていることを見出し、ピアニストの道を歩んでいます。梯さんは、目が見えないということよりも、すばらしく繊細な聴力に恵まれていることを深く感謝して受け止め、もちろん、人一倍レッスンするなど努力も怠りません。

その結果、健常なピアニストに交じってコンクールに参加し、数々の栄誉に輝く実績を上げ、現在は、日本はもとより、アメリカのカーネギーホールなど世界の一流の舞台で盛んな演奏活動を繰り広げています。

「ぼくは目が見えないから、かえって木々の葉のさやぎ、風のそよぎなど、自然の繊細な音を聞き逃すことがないのだと思います。それによって本当に心を癒されます。だから、ぼくはそうした音をピアノで表現し、聴いてくださる方の心を癒したい……」

梯さんはこう語っています。

梯さんがすばらしいのは、自らの運命を全面的に受け入れるばかりか、それを感謝し、前向きにとらえる姿勢です。さらに、すばらしいのは、誰のまねでもない、自分ならではの人生を選び取っていることでしょう。

実は、これができない人が案外多いのです。特に、日本人は、自分ならではの価値観を持ち、自分に最もふさわしい人生を選ぶことが苦手だといわれています。

人は、誰にもその人でなければできない、特別な何かを与えられています。その能力に気づき、それを思うままに発揮する生き方を選ぶ。実は、それがその人にとって、ベストな人生になるのです。

他の人の目から見て立派かどうか、社会的に評価が高いか低いかはまったく関係ありません。まして、公務員なら安泰だとか、医者や弁護士なら高い収入が得られるから、というような理由でその職業を選ぶのは、本質にかなった生き方ではありません。職業を選ぶなら、自分が本当にそれになりたいかどうか。自分自身の内面の声と十分、対話してみましょう。

マーフィー博士はこういっています。

「他人に考えてもらう人生を送ってはなりません。自分に考える力があるのだから、自分で考えなさい。あなたの人生はあなた自身のものなのです。他の誰のものでもありません」

無限の可能性へ、〝いちばん信頼できるガイド〟

自分らしく、自分なりに生きようとしても、つい人と自分を比べ、人より劣りたくない、人に後れを取りたくないという思いにとらわれてしまう。これもよくあることです。

でも、人生は自分の足で歩んでいくものです。その軌道は、自分で描くほかありません。いくら他人のようになりたくても、あなたはあなた。自分らしくしか生きられないのです。

そのかわり、一人ひとりに潜在意識の無限の力が宿っています。その無限の力を生かして生きていけば、どんな成功も思いのままに手にできるのです。

人のまねをしたり、そのほうが社会的に認められるから、周囲が高く評価してくれるから、というような理由で生き方を選んでも、無限の力をそれに生かすことはできません。

選んだ生き方が、誰のものでもない、自分の内奥から込み上げてきた思いに突き動かされたものであれば、その先にどんな困難があろうと、道は自然に開けていきます。潜在意識が偉大な力を発揮して、道を開いてくれるのです。

梯さんの場合もそうでした。小学校に入学するとき、健常児と同じ教育を受けたいと一般の学校に進学を希望したところ、最初、学校側は難色を示しました。他の生徒の学業が順調に進まないのではないかと恐れたのです。

ところが、結果は反対でした。子供たちのほうから、交代で梯さんの世話をする係をつくろうという動きが生まれ、梯さんの存在は他の生徒に、共に助け合って生きていくことを教えることになり、かえって大きな教育成果を残し、喜ばれました。

高校進学にあたって、日本では全盲の生徒を受け入れる音楽高校が見つからず、音楽の道を諦めかけたところ、音楽の本場ウィーンで受け入れてくれる音楽学校が見つかった……など、困難にぶつかるたびに、道は思い浮かべていたよりもずっとすばらしい形で開けていくのです。

梯さんが潜在意識の法則を知っているかどうかはわかりません。しかし、ご本人がそれと知っているかどうかにはかかわらず、潜在意識は惜しみなく力を発揮してくれます。美しいピアノの響きで人の魂を慰めたい……。梯さんの切なる願いを潜在意識は着実にかなえているのです。

自分と正直に向き合えば、潮が満ちるように〝答え〟が得られる！

Yさんはある証券会社に勤務しています。バブル崩壊以後、Yさんの会社では転職ブームといいたいような雰囲気になり、先に転職していく人のほうが〝優秀〟だというイメージさえ生まれたほどでした。同期生が一人減り、二人減りしていくと、残されたものはしだいに不安にさえなってきます。とうとう同期生で残ったのはYさん一人になってしまいました。

でも、Yさんは株式市場が好きだといいます。株式市場は市場原理が最も純粋に働いており、評価に足るものは高く、評価を得られないものは低くなる。これほど明快なところはないからです。Yさんは、株価のアップダウンを予測できるかどうかは、企業の評価を正確にできるかどうかだと考えています。きちんと分析し、きちんと研究すれば、株式投資は投機でもリスキーでもありません。第一、株式市場が活性していなければ、企業経営をバックアップする仕組みもなくなってしまいます。

ある日、株安のご時世を逆手に取って、小さな資金でも始められる投資教室という企画をつくり、思い切って上司に提出してみました。この企画案はある夜、妙に目が冴えて眠れず、ベッドから起き出したところ、ふと思いついたアイディアでした。Yさんはそのアイディアをすぐに企画案にまとめあげたのです。

この「株式投資・ミニコース」とでもいうべき企画は役員会議でも注目を浴び、さっそくゴーサインが出、結果は大盛況。Yさんの評価は急上昇で、いまでは新規企画を立てるセクションのチーフに抜擢されて、いっそう張り切っています。

Yさんが転機となった企画を思いついたのは夜中だったといいます。1章でお話ししたように、潜在意識はときどき、睡眠中にひょこっと顔を出し、メッセージを送ってくることがあります。

Yさんは、日々、株式に対する一般の人の関心が薄らいでいくのを何とかしたいという願望をつぶやいていたに違いありません。そのつぶやきはちゃんと潜在意識に届けられ、潜在意識はある深夜、Yさんにその解答を示したのです。

よく、くよくよ悩んでいないで、ベッドに入って寝てしまいなさい。そうすれば、明日の朝には悩みは解決しているよ、とアドバイスされることがあるでしょう。これは真実です。人は知らず知らず、潜在意識の法則を体験しており、夜、寝ることによって、問題のソリューションが得られることを知っているのです。

潜在意識はしばしば、眠っている間に最高、最適の解答を示します。

ときには〝衝動〟に従え、〝衝動〟は潜在意識の名パイロット！

「そろそろ家を買わなくては。不動産は底値だといわれているし。同期入社の仲間はだいたい、マイホームを手に入れたものなぁ。定年までにローンを終えるには、この一〜二年が限界だし」

Sさんはときどき、そう考えないこともないのですが、どうも、心底、そういう気になれないまま、賃貸マンション暮らしを続けていました。

結果からいうと、Sさんの選択は正しいのです。心底、気が進むわけではないときには、何であれ、選択する必要はありません。選択しないほうがいいのです。こういうときに、周囲に影響されてマイホームを買ったとしても、後悔するはめに陥るのがオチです。

人がどうだから、ではなく、自分はどうしたいか？　潜在意識はその人の本音にだけ反応して、最善の答えを示すのです。

ある日、Sさん一家は長野にドライブに出かけました。途中で見かけた景色があまりにすがすがしいので、ふと車を降りて、あたりをブラブラ歩いていると、不動産屋があるのに気づきました。なにげなくそこに入り、そのあたりの物件案内を見せてもらったところ、ちょっと気になる土地があり、案内してもらうことになりました。その土地は敷地内に小川が流れ、何ともいえない風情《ふぜい》があるのです。Sさんはどうしてもこの土地が欲しいと思い、家族に尋ねると、家族も同じ思いだといいます。

こうして、本当に突然、その土地を買ってしまいました。突然のことで持ち合わせもなく、一万円の手付け金を打って、とにかく、その土地を自分のものにしたのです。その後、なんと家族で家を建てたのです。電気、ガスなどの工事は専門家に頼みましたが、後はほとんどの工事を家族で力を合わせてやりました。

実はそのころ、Sさんは中学生の息子さんの〝引きこもり〟の兆しに悩んでいました。家族ドライブも、何とか息子さんを家から連れ出そうという気持ちからだったぐらいです。ところが、家族で家をつくろうというと、真っ先に賛成したのはその息子。誰よりも張り切り、誰よりもよく働きました。

息子さんは、自分の進路について悩んでいたのです。自分が何をしたらよいのか、わからない。最近の子供によくある悩みです。何をしたいのかわからないままに受験勉強を強いられる学校にも不満が募っていました。しかし、家づくり体験から、息子は家に関する仕事をしたいといい出し、大工《だいく》になりたい、それも宮大工《みやだいく》になりたいという目標を持つことができました。

人生の目標が決まったことから、彼は引きこもりどころか、積極的に近所の古い寺に足を運んでは、写真を撮ったりしています。

家が完成すると、Sさん一家は長野の家に引っ越しました。Sさんは、新しい家から車で三〇分ぐらいの小さな会社に職を見つけました。給料は下がりましたが、長野の郊外ですから土地価格は安く、家も手づくりなのでそれまでの蓄えを吐き出すだけでこと足り、ローンを背負うこともありませんでした。野菜などが安く手に入るため、少なくなった給料でも生活レベルはさして変わらないそうです。

それから三年ほどたったころです。彼の前の勤務先が倒産したというニュースが飛び込んできました。元同僚たちの間でも最も苦労したのは、多大な住宅ローンを背負った人たちでした。Sさんは、ドライブ先で〝衝動〟に従って行動したため、結果的には最も賢明な選択をしたことになります。

衝動というと、考え不足の行動だと思い込んでいる人があるかもしれませんが、人はときには、自分でも思いがけない行動をすることがあります。実は、こうした行動は、日ごろから、潜在意識につぶやき続け、働きかけていたことに対する、自分の中に潜んでいた本音の解答であることが多いのです。

なぜだかわからないけど、どうしてもそうしたい。自分の中から突き上げてくる熱

い思い。それは、潜在意識の働きかけです。そんなときは、潜在意識の働きかけに応じるのがいちばんです。

不安と落ち込みは、この〝リアクション〟で吹っ飛ぶ！

Cさんは劇画作家志望。生活費はアルバイトで稼ぎ、あえて定職につかないで、作品づくりを続けています。こうした生活もすでに五年。何回か、劇画雑誌の新人賞に応募し、準優秀作品に選ばれるなどいいところまでいくのですが、掲載にこぎつけたことはありません。自分よりずっと後から出てきた、新人賞応募作家がデビューを果たすと、「自分はもうダメなのではないか」と不安に陥り、ついつい、酒を飲んではベッドにもぐり込んでしまう。そんな夜を何回も過ごしてきました。その気持ちもよくわかるような気がします。

人は誰でも不安になったり、落ち込んだり、心が乱されることがあります。でも、そんなときこそ、潜在意識の法則を前向きに生かすべきです。

不安に打ち勝つには、大変な精神力を必要とします。でも、そこを踏みとどまり、

「自分はダメかもしれない」とささやきかける声を断固、耳をふさいでさえぎり、強引にでも、自分が成功したイメージに切り替えるのです。

それがむずかしければ、ただ、「自分は劇画家として成功する」と前向きの言葉を口から出すだけでも効果があります。前にも述べたように、言葉には言霊といって、精神に働きかける大きな力があります。そう口にしただけで、何となく、自分は成功できそうな感じが込み上げてくるはずです。

そうなれば、しめたものです。この前向きのイメージをふくらませ、自分の作品が雑誌の巻頭を飾っているところを、ありありと、本当に手元にその雑誌があるように想像してみましょう。

人気絶頂の劇画家のIさんは、不遇な時代、いつか自分もその雑誌に連載物を書きたいと思っていた雑誌が発売されると、コピーした自分の作品を巻頭に貼り付け、まさに自分の作品が巻頭の連載ページに掲載されているという実感に近いものを味わっていたといいます。

不安になったり、落ち込んだり。そんなときほど、Iさんのような自己肯定型のリアクションが求められるのです。

潜在意識はその人のリアクションに反応し、その方向に向かって動き出すからです。**ハッピーエンド。どんな困難な問題に直面しても、最終的にはハッピーエンドになることを信じなさい。あなたがハッピーエンドを求めれば、潜在意識はハッピーエンドを実現してくれます。**

世の中で、これ以上「美しい人」はいない！

最近、精神科を訪れる患者さんに、「容貌コンプレックス」があるそうです。高校生ぐらいに多いのだそうですが、自分は容姿が醜《みにく》く、人前にも出られないと悩み、本当に家から出ず、学校に行くのもやめてしまうのです。美容整形科にも、どうしても整形してほしいと訴えてくる若い女性が急増しているといいます。

最近はテレビでも、こうした悩みを持つ女性を整形したり、ダイエットさせたり、ヘアやメイクの技術で見違えるほど美しく変身させる番組を放映しています。

美容整形を否定するわけではありませんが、あなたは、本来、ありのままのあなたで十分な魅力の持ち主であることを知っておいてほしいと思います。人は誰でも、あるがままで、魅力的な存在なのです。

美人であれば、それだけで幸福な人生を歩めるかというと、必ずしもそうではないことは誰にだってわかります。社会的に成功した男性の妻が皆、美人であるとはかぎりません。ただ、立派な男性の妻は例外なく、感じがよく、やわらかで人を和ませる雰囲気を持っています。

女性はもちろん、男性も、容姿だけがその人の存在感を決めるわけではありません。その人らしい生き方を、希望を持って進めていれば、どことなく余裕のある、温かな人柄がにじみ出て、たとえ鼻があぐらをかいていようと、キツネのように細い目だろうと、大して気にならないものです。

どうしても整形したいなら、顔よりも心の持ちようにメスを入れ、すっかり変えてしまってはどうでしょう?

あるがままの自分を心から愛するのです。自分の顔を愛せる自分に変わるのです。仏像を思い浮かべてください。バランスからいえば、美の基準から遠く離れているお顔のものがほとんどです。それでも、あれほど人の心をとらえるのです。

自分自身を愛し、満ち足りている人は、周囲の人にもそうした思いを伝えます。だ

からこそ、その人に強く引かれる人が現れるのです。その人の心まで満ち足りた思いで満たすのです。これ以上美しい人はいない、と考えられませんか?

▼"つらいだけの努力"はどこか間違っている!

世の中には、間違った概念を強固に持っている人が少なくないものです。たとえば、「歯を食いしばってつらい努力をする」ことを成功の鍵だと思っている人があります。受験勉強を経験した人なら、身に覚えがあるでしょう。ムリヤリ頭に詰め込もうとするときの、何という苦しさ、むなしさ。必死の努力でやっと身につけたと思ったら、少したつと、きれいさっぱり頭から消え去ってしまっています。

いやいや身につけたことは、結局はその人の人生を動かすような力にはならないのです。

マーフィー博士は、潜在意識の法則からいえば、つらい努力は一切必要ないといい切っています。

努力はいらない、というわけではありません。つらい努力はいらないのです。

好きなこと、本当にやりたいことのために努力をしているとき、その努力をつらいと思う人はありません。疲れることもありません。

勉強のために本を読んでいると、すぐに眠くなって困るものですが、おもしろいミステリーならば、つい徹夜して読んでしまった……ということはよくあります。

すぐれた研究、開発をした人の多くは、はた目には血のにじむような努力の成果だと見えることがあります。でも、本当にその努力がつらく、苦しいものであったら、潜在意識には「つらい」「苦しい」というマイナスの思いが刻み込まれ、けっしてよい結果には導かれません。

もう、おわかりでしょう。あなたが目指している目標が、あなたの心の底からにじみ出てきた本音の願望ならば、そのための努力は少しも苦しいとは感じないものなのです。

いつもノーベル賞候補として名が挙がる、青色発光ダイオードを発明した中村修二氏も、はた目には鬼気迫るような形相で研究に没頭していたそうです。休みもろくろくとらないことが続きました。

でも、この間、中村氏にあったのは、何としても青色発光ダイオードを開発したいという熱い思いだけでした。そのための努力はいくら続けても、苦しいとか、もうイヤだと感じたことはなかったでしょう。

こうして、ついに幸運の女神は彼にほほえみかけ、中村氏はエジソン以来の大発明といわれるような快挙を成し遂げたのです。

中村氏の成功にいたる過程にも、潜在意識の法則が働いていることがわかります。

潜在意識の「OKサイン」は、こんなところに！

Zさんの学歴は中卒です。貧しい家庭に育った彼は、ボクシングで世界チャンピオンになる道を志しました。プロテストを受けるまでの日々は、いま思い出しても顔が歪んでくるほどの苦しい努力の積み重ねだったといいます。ウエートコントロールのために満足に食べることもなく、それでいて、体から塩が噴き出してくるほど厳しいトレーニングを重ねたのです。

しかし、結果は悲惨なものでした。プロデビューの試合で、彼はボクサーとしては再起不能の負傷をし、世界チャンピオンの夢はあえなく潰《つい》えてしまいました。

もう、あんな苦しい思いをするのはイヤだ。そう決意した彼は、その後は、できるだけ楽しく毎日を過ごすことにしたのです。最初に選んだ仕事は建築現場のアルバイト。これなら、一定時間働いた後は自由に遊んで暮らせます。

しかし、すぐにそれでは物足りなくなり、職人気質《かたぎ》の大工の親方に弟子入りしました。動機は、釘を口に含んでペッとツバをかけてから打つのが、かっこよく見えたからだそうです。

それから一五年、現在、三〇代半ばになった彼は、社員二〇〇人を率いる建築会社の社長です。大工の弟子になって五年目に独立。よその会社と同じことをやっていては大企業に敗れ、工賃の低い下請け仕事に甘んじるほかはない。そう思った彼は、社員がたった七人の時代から、よそにはできない、独自の技術を求め続けてきたといいます。

独自の技術の開発など、そんなに簡単なものではありません。でも、彼は、「オレは塗装屋の世界チャンピオンになる」という根拠のない確信があったといいます。

彼の会社を急成長させたのは、建築資材を直輸入することによって、格段に低価格の物件を次々、建てて売ったことからです。

「欲しいものは、足を使って手に入れよう。黙って業者から買うより、そのほうがずっと楽しい。第一、他より安く手に入れると、何ともいえない喜びが込み上げる」

Zさんはおもしろいとか、楽しいとか、喜びを覚えることには積極的になる習慣を身につけており、そのためには少々の労をいといません。その機敏な行動性が、彼の会社の価格競争力を磨き上げ、企業として社会的認知も受けるまでになっています。

マーフィー博士はこういっています。

「人は、苦しむために生まれてきたのではなく、人生を楽しむために生まれてきたのです」

おもしろそう、楽しそうと感じるのは潜在意識が「OKサイン」を出している証拠です。さらにいえば、おもしろい、楽しいと感じるのは、自分が最も自分らしく生きている証拠でもあります。

自分らしく生きている。これ以上幸福な人生はありません。

▼人間関係は〝合わせ鏡〟のようなもの

女性の大好物は人の噂話、だとよくいいます。でも、これは誤解で、実は噂話は男性も大好き。三～四人連れ立っての飲み会の話題は、ほとんど人の噂話だといってもよいくらいです。

人は群れ集う動物です。仲間がいなければ何もできないといっても過言ではないくらいです。芸術家のような個人の才能を発揮する仕事であっても、それを発表する場、評価してくれる人がなければ、ただの偏屈な個人プレーに終わってしまいます。

したがって、他人の動向が気になるのは、いわば人の本性の一つなのです。

問題は、その気にし方です。

噂話という場合、たいていは、相手の欠点をあげつらったり、笑ったりしていないでしょうか。仕事仲間に対する愚痴を思う存分いい合って、「ああ、せいせいした！」などといった経験はありませんか。

マーフィー博士はこんな言葉を残しています。

「人間関係は鏡のようなものです。自分が相手に対して思ったことは、そのまま相手が自分に対して持つ思いを映し出しています」

あなたが、相手を批判したり、バカにすれば、相手はどこか別のところで、あなたを批判したり、バカにしていると思って間違いありません。口に出していないまでも、心の中ではそう思っています。

自分がバカにされたり、悪口の対象になるのがイヤなら、まず、自分から、他人の噂話や悪口に花を咲かせるのをやめるべきです。

▼心の底から〝共鳴し合う関係〟を手に入れたいと思うなら……

よい人間関係は、人生を支える、最も力強い基盤となります。人にとって、最高の財産だという人もあるほどです。その力強い基盤、最高の財産を手に入れたいならば、相手を批判したり、誹謗《ひぼう》することをやめましょう。その人のいいところだけを見つめ、評価する姿勢を確立することが大切です。

不思議なもので、視点を変えるだけで、相手の姿もすっかり変わって見えるようになります。グズでドンくさいと思っていた同僚も、ある意味で、慎重で準備に時間をかけるだけあって、失敗が少ないことに気づくでしょう。いつもハッパばかりかけている強権部長も、部下への愛情が豊かなために、部下の仕事の成果をいつも気にかけており、そのためについ、部下に強く命令したり、仕事を任せ切れず、口を出してくるのだと理解できるようになります。

口うるさい姑《しゅうとめ》だって、実は息子がかわいくてたまらず、嫁であるあなたについつい、過大なものを求めてくるのだと受け取れるようになるでしょう。

つねにポジティブな視点を持つ。これは人間関係においてもきわめて大切な姿勢です。

ポジティブに見るといっても、表面的に、いい面だけ見ることにしようと思った程度では、あなたの思いは相手に伝わりません。

潜在意識と潜在意識は互いに呼応し合います。その場合、呼応するのはあなたの心の奥底にある本当の思いだけです。

お腹の底では、相手を批判的にとらえているのに、表面的にはうまくつくろっている。自分ではうまくやっているつもりでも、こうした場合、相手の潜在意識に伝わるのは、あなたの批判的な視線なのです。

一生懸命、人間関係づくりに努力しているのに、どうも組織にうまく溶け込めない、友達に恵まれない、仲間から孤立していると感じる……というような人は、自分の心の奥底を見つめてみましょう。どこかに相手に対する否定的な思いが混じっていませんか？

▼部下のやる気を引き出す「エネルギー増幅法」

組織の中で、最も悩みが多いのは、中間管理職だといいます。上司からはつねに成果を求められ、部下を引っ張って、確実に結果を出さなければいけません。

入社以来、切れ者で通ってきたVさんは、チームリーダーに抜擢され、大張り切り。部下のやる気を引き出すために、いやがうえにも厳しい目標を与え、さらに、毎朝、三〇分早く出社させて、ミーティングをやろうといい出しました。そこでVさんの口から出るのは、メンバーに対する苦情ばかり。

「この数字は何だ。君に命じた目標にほど遠い数字じゃないか。とても本気を出して営業しているとは思えないぞ」とか「オレは情けないよ。競合相手はこれだけの実績を上げてるんだ。マーケットはあるんだぞ。企画内容はライバルと互角だと確信している。君はほんとにやる気があるのか」など。

Vさんは、こうして叱咤《しった》激励すれば、チームメンバーは悔しさから、やる気を振り絞って営業活動に全力を投入すると思ったのです。しかし、結果は正反対。Vさんのチームの成績はいっこうにパッとせず、競合相手にぐいぐい水をあけられる始末でした。

一方の競合相手のリーダー・Bさんは、売上目標も、メンバー一人ひとりの自己申告制を採用しました。

「私は〇〇〇万円達成します」「私は×××万円が目標です」。メンバーがこう申告してくると、大きくうなずいて、「君なら絶対にクリアできる数字だな」とにっこりとほほえみます。

自分で立てた目標なのだから、自分で管理して、目標をクリアすればよい。部下を全面的に信頼しよう。そう考えたBさんは、ケータイなどで報告を入れれば、営業先から直接帰社するのも自由、という具合で、ほとんど部下を縛ることもしませんでした。ただ、報告を受けるたびに、「君の目標は?」「はい、私は〇〇〇万円です」「そうか、君ならクリアできるよ」とか「ほう、だいぶ目標に近づいてきたじゃないか。達成は時間の問題だな、さすがに君だ」と前向きなやりとりを繰り返していました。報告は毎日ですから、このやりとりも毎日、欠かさずに、です。

自分で目標を立てる。その目標を達成することができると、毎日、繰り返し口にする。Bさんがとった部下の管理法は、潜在意識の法則をそのまま生かすものであったことはいうまでもありません。

Bさんがした努力は、スタッフの潜在意識の力を上手に引き出すことだけでした。その結果、全員が目標をクリア。チーム全体としても、かなり高い目標を見事に達成することができました。

毎日、繰り返し、目標を口にする。そのたびに、目標をクリアしたいという切なる願望が刻み込まれます。繰り返すたびに、より深く、より強く、潜在意識は揺り動かされます。その都度、潜在意識の振幅が大きくなり、エネルギーも大きくなります。

▼「プログラミング方法」で非行グループが生まれ変わった！

教育現場でも、潜在意識の法則を生かした、こんな例があります。

M先生はある高校で生徒指導に当たっています。この高校のある地域は、いわゆる歓楽街に近く、両親がそろっているのが珍しいくらい。父親が出奔《しゅっぽん》していたり、母親が父親ではない男性と同棲していたり、といったことが日常茶飯事というような地域でした。

そのため、子供たちの心もすさんでおり、不登校や援助交際は少しも珍しくありません。これまで赴任してきた先生たちは、こうした家庭環境ならば、子供が非行に走るのは当然だと、ほとんどまともに指導しようという気さえ起こしませんでした。

しかし、M先生は、ろくすっぽ授業に顔を出さない生徒とまっすぐ向き合い、学校に来ない子供なら家庭を訪問して歩き、一人ひとり、いま、いちばんやりたいことを尋ねて回りました。そして、「そのやりたいことをやってみようよ」と話しかけたのです。中にはふてくされたように「援交して、お金をいっぱい稼ぎたい」と答える子もあったそうです。

次にM先生がとった行動は、皆で一度、集まってみよう、ということでした。非行に走る子供には、案外寂しい子が多いものです。思ったより、ずっと素直に集まってきました。何回か、こうした集まりを持ったころ、M先生は、自分のやりたいことを皆の前で発表してみては、と促しました。

「絶対、金持ちになる」という子。「美容師になる」といい出した子。「いつか子供を産んで、自分はちゃんと育てる」という子、「好きな陸上で高校記録をつくる」といった子もありました。

こうして、自分の将来の希望を話しているうちに、彼、彼女たちの態度が少しずつ変わってきたのです。

「先生、アタシ、美容学校に行く」といい出したり、陸上部に入って、学校に毎日通うようになった子もいました。

自分の将来像を皆の前で発表する。そうした出来事が彼、彼女たちをしだいに変えていったのです。

自分が将来、こうなりたいという希望を具体的に口にすると、潜在意識はその方向

に向かってプログラミングを始めます。

このプログラミングにより、彼、彼女たちは非行から立ち直ることができたのです。

▼他人を祝福するほど、あなたに幸せが訪れる

「彼女はいいわよねぇ。親の仕事の関係で、子供のころ、外国で育ったでしょう。英語がペラペラなのは当たり前よねぇ」

「ヤツは恵まれてるよなぁ。親が商売をやってるんだろ。会社がイヤになったら、辞めて親の商売を継げばいいんだもんな」

こんなふうに、他人を羨《うらや》んでばかりいる人があります。昔から、隣の芝生は青いという言葉があるくらいで、他人のことはよく見えて当たり前。しかし、人を羨んだり、妬《ねた》んだりする気持ちは、結果的にマイナスの結末を連れてきます。

なぜ、他人を羨むことがマイナスに働くのか。それは、羨望には自己否定がつきものだからです。他人を羨望《せんぼう》し、他人のものを欲しがるのは、とりもなおさず、自分自身を貧しくすることでもあるのです。他人を羨んだところで、何も得るものはありま

せん。

他人を羨む気持ちには、自己に対する欠如感が張り付いています。それは挫折感や敗北感につながっていきます。まして嫉妬には、その人に対する憎悪さえ含まれることが多いものです。

「彼女はいいわねぇ」という言葉に続くのは、「それに引き替え、私は何の取り柄もないもの」という思いです。「ヤツはいいよな」という言葉の裏には、「ヤツと違って、自分はこの先も会社にしがみついていなければ、飯が食えない……」という具合に、です。

羨望には他人を誹謗する気持ちが含まれていることもあります。「彼女が重役秘書に抜擢されたのは、英語がペラペラだから⇩外国育ちなら当たり前。彼女本来の資質のせいではない」とか、「彼は将来、親の商売を継ぐのだろう⇩だから、現在の仕事に本気で取り組んでいるわけはない」。そんな思いが皆無だといい切れるでしょうか？

マーフィーの法則を思い出してください。他人に対してよい思いを抱けば、そのよい思いは鏡に映し出されたように、必ず、自分に返ってきます。

他人の幸せや成功は妬んだり、羨むのではなく、心から祝福しましょう。

「彼女はすばらしい。外国育ちで身につけた語学力と視野の広さで、きっと最高の秘書になるはずだわ。本当によかった……」

「彼のビジネスセンスは最高だ。実家も商売をやっているというから、子供のころから、ビジネスを実感しながら育ったはずだ。この会社でも、お父さんの仕事を継いでも必ず大成功するだろうな」

他人の成功や幸福を心から祝福できる人は、気がつくと、自分もそれと同じような幸福を手にしているものです。

マーフィー博士の言葉です。

▼「反省する」のはいいが、〝反作用〟に注意！

日々、自分を反省して、よりよい明日を目指す、という生き方をすばらしいと教える人があります。マーフィー理論からいえば、こうした生き方は賢明ではありません。

反省とは、多くの場合、自己卑下《ひげ》につながり、「自分はやっぱりダメな人間だ」というイメージを反復することとイコールなのです。あらゆる自己非難や自己批判は、即刻やめるべきです。反省しなければならないような過去は、一刻も早く、きれいさっぱり忘れてしまったほうがよいのです。

ある女性の話です。彼女はある派遣会社で、テレフォンアポインターとして働いています。非常に優秀であるうえに、温かな声の持ち主なので、どの派遣先でも引っ張りダコ。一度行った派遣先は、必ず、次からも彼女を指名してきます。

ところが彼女には少々短気で、せっかちなところがあります。もちろん、しょっちゅうではありませんが、くどくど電話が長いお客さんになると、話を早く終わらせようと急ぐクセがあり、この前もそのクセが出てお客さんが怒ってしまい、クレームセンターに苦情が届いてしまいました。

クレームセンターから呼び出しがあると、反省文を書かされるのですが、彼女が書くのは反省文ではありません、短気でせっかちというクセを克服し、どんなお客さんとも和やかに話すことができ、話が必要以上に長くなりそうだと、お客さんを上手に誘導し、話を簡潔にまとめることができる、理想のアポインターになった自分像です。「今日は申し訳ありませんでした」ではなく、「明日からは、そういうアポインターになりたいと思います」と、理想像を目指す言葉で締めくくります。

打ち消したいような過去は早く忘れ、達成、勝利、成功した自分をありありとイメージしましょう。そのほうが反省するよりも、ずっとよりよい結果をもたらします。彼女はごく近い将来、欠点を克服し、理想的なアポインターになっているのは確実でしょう。

▼自分の「生き方モデル」に最接近する法

無理はしない。つらい努力はしなくてよいというと、あるがままを受け入れ、なるがままに生きていくのがいちばんだと思い込んでしまう人がいます。しかし、それでは行き当たりばったりの人生になってしまい、あなたが本当に生きたいように生きているとはいえません。

あなたは自分の人生という航路を行く船の船長です。自分の運命の支配者であることを忘れてはいけません。

船長ならば航海図を用意します。人生を構築していくのですから、設計図にあたるものが必要です。設計図を描かなければ、人生の方向性を示せません。

航海図、設計図を描く。それがあなたの願望達成のスタートラインです。その設計図に合わせて、自分の人生を自分で切り開いていくのです。

人生設計図は潜在意識にあなたの人生の方向性を示すことになり、そこにこうしたいという願望を伝えれば、潜在意識はその方向に向かって力強く、前進を始めます。

ところで、航海図とか設計図といわれても、漠然としていて、何を意味しているか、わからないという人も少なくないでしょう。手っ取り早くいえば、自分の人生はこうありたいという具体像です。

それもなかなかわからないという人は、身の回りの人、あるいは映画や小説のヒロインでもよいのです。自分が心底、心を引かれる人、憧れている人の生き方をモデルにするとよいでしょう。

尊敬する先輩があるなら、その先輩のように生きたいと願い、その人の生き方をできるだけ具体的に思い描くという方法もあります。

映画や小説の中に登場する人物でもいいのです。映画やテレビドラマの主人公なら、現実に映像化されているので、その映像を心の中に広げたスクリーンに映し出し、俳優のイメージを自分に置き換えればよいのです。これなら、簡単に自分が理想の人物になり切ったところを想像できます。どんな洋服を着て、どんなところでどんな仕事をしているかまでありありと。

この方法は、自分の理想の人生を歩むのに、かなり効果がある方法です。潜在意識はそのリアルな映像をそのまま受け入れ、それを現実化するために、あらゆる力を動員するからです。

あまりにも現実の自分とギャップがありすぎる、などと遠慮する必要はまったくありません。

理想像に近づきたい……。その場合、そこに近づくために知識を蓄えたり、技術を磨くことも大切ですが、もっと大切なのは心構え、心の態度です。

心でどう思ったか、どう考えたかは、理想像を実現するために最も重要な要素です。本気で、自分はそうなると固く決意することです。強く願うことです。

そうすれば、どんなに現在の自分とは遠いように思われる理想像も、いつか必ず実現します。

イギリスの詩人ミルトンは、「心は天国も地獄もつくり出すことができる」といっています。いい換えれば、心は〝理想のあなた〟も、〝絶対にそうはなりたくないよ

うなあなた〟もつくり出すということです。

自分を苦しめる〝小悪魔〟の効果的な撃退法

あなたの心を悩ませていることをよく見つめてください。たいていは、すでに起こったことを後悔したり、反対にこれから起こるかもしれないことを心配している。悩みはこの二つ以外にはないといってもよいくらいです。

恋人とデートしていても不安でたまらないと訴える女性がいます。彼女の心を占めているのは、「彼に嫌われたくない。このまま、いい交際を続けて、いつかは結婚したい」という一念です。

そのため、デート中、ちょっと彼が黙り込むと、何か気を悪くするようなことをいってしまったのではないだろうか、と落ち込んでしまいがちです。そんな落ち込みを隠すために、かえってはしゃいで見せたりするのですが、そんな夜は、決まって、「もっと静かに、彼の沈黙と向かい合えばよかった……。結婚しても神経が休まらない女だと思われてしまったに違いない」と考えはグルグルと一人歩きを始め、後悔と不安で胸が詰まるような思いをしたまま、朝を迎えてしまうことも少なくありません。

過去と未来は、人生から幸福を奪い取っていく二人の盗人です。過ぎてしまった過去や、どうなるかわからない未来を気にしていても、何も成し遂げることはできません。

人生は、瞬間、瞬間、瞬間が連続して成り立っています。人生を織り上げるのは、いまこの瞬間、いま、手にしている現実だけなのです。

この女性の場合、彼と結婚したいと本気で願うなら、ただ、彼と一緒に暮らしている様子をありありと、できるだけ具体的に思い浮かべながら、「私は彼と結婚する」と断言すればよいのです。

デート中も、自分がしたいように自然に行動すればいいのです。彼がふと口をつぐんだのは、「いま、プロポーズしようかな」と思ったからかもしれません。ところが、あなたが不自然にはしゃぐので、何となくシラけてしまい、タイミングを逸してしまったのかもしれません。

未来を思い描くことはできても、それが現実になるかどうかはわかりません。確実なのは、いま、手の中にある現実だけです。その現実を、ありのままの心で受け止め、あなたが思うままに、素直に、伸びやかに振る舞うのです。あなたの心のままに、ウソのない行動をする。これがいちばんです。

未来は現在と地続きです。未来がある日、ポンと訪れてくるわけではありません。あなたの未来はいま、あなたの心の中にあり、それは現在のあなたの思考や信念、行動によって決まります。つまり、未来とは、現在から到達した結果なのです。

未来へ到達するためには、現在を自分で歩いていかなければなりません。自分で歩いて到達した未来は現在そのものです。潜在意識の法則を持ち出さなくても、恋する心はすべてに感じやすくなっています。「本当に結婚を考えてくれているのだろうか」。あなたが彼に不安を抱けば、その不安は必ず、彼にも伝わり、彼の心も揺るがせてしまいます。

いま、今日、この瞬間、彼と一緒に過ごしている。その幸福感に素直に身を任せましょう。その幸福感は必ず、彼をも満たします。

不安や後悔にさいなまれず、現実を素直に受け入れて行動する。それが、あなたの願望をかなえる、いちばん確かな姿勢です。

▼「地獄でホトケ」のアドバイスで、今は〝天国〟生活！

反対に、現在のあなたは受け入れがたいほどの苦悩の中にあるとします。こんな現実と地続きの未来などに何の希望も感じられない……。そう思っているならば、考え方を切り替えるだけで、不幸な未来を幸福な未来に変えることができます。

未来は現在と地続きではあるのですが、けっして現在と同じ状態が続いていくわけではありません。どんなものも、時々刻々と変化しています。人は苦しい状態にあると、この先、もっと苦しくなるのでは、あるいは永久にこの苦しみから逃げられないのではないかといった思いにとらわれがちです。しかし、そんなことは断固、ありません。

将来への不安や心配は、現実に起きてもいないことを、くよくよと考えているだけです。それは、あなたの生命力を消耗させるだけ。何の得にもなりません。

現実が苦しいものだとしたら、苦しみから解放された未来の自分を想像する。そして、その想像が現実のものになると、ただ、信じてください。

ある営業マンの例です。雇用改革が進んでいますが、彼の会社も能率給一本やりになり、営業成績が上がらないと、生活にも困ることになってしまいます。それが不安でたまらなくなり、とうとう、ウツに近い状態になってしまいました。

こんなとき、彼の上司がこうアドバイスしました。「不安なのだったら、余計、逃げるな」。そして、毎日、営業成績がぐいぐい上がったグラフを描かせ続けました。実際には、契約はまだ、一つも取れていないにもかかわらず、です。「そのグラフを部屋のベッドの頭のところに貼るように」ともいいました。

そのとおりに実行した営業マンは、見るみる好成績を上げるようになりました。成績が上がらないのではないか。給料が下がってしまうのではないかと悩んでいた彼は、現在、営業成績はトップクラス。収入も大幅アップです。

かつての未来であった現在は、悩みと不安に満ちた過去と地続きです。でも、その様相は天と地ほど違っています。

意識を変えるだけで、潜在意識は天国でも地獄でも引き寄せます。

▼成功する人は、「言葉の魔術」を知っている

Dさんと H さんは同じ大学を出て、同じ会社に入社。以後、ナイフとフォークのように、いつも一対《いっつい》で行動しているといわれるほど、仲のよい二人でした。

ところが入社して一〇年たってみると、Dさんは社運をかける本社の重大プロジェクトのチームリーダーに。一方のHさんは、地方支社で支店回りをしています。

二人の明暗を分けたのは言葉づかいでした。

成功者と呼ばれる人、社会的に脚光を浴びている人は、言葉の選び方を知っています。この事実はきわめて重い意味を持っています。言葉は潜在意識に命令を伝えるものだからです。

Dさんはつねに、言葉を肯定的に使うのです。何かを選ぶ場合も「これにしよう。これがいちばんだ」といいます。反対にHさんはつねに否定的です。「これしかないのか、しょうがないなぁ。じゃ、これでいいか」という具合です。

また、Dさんはきれいでおだやかな言葉を選んで使います。Hさんは、仕事の電話

まで、ガチャンと切った後「チクショウ、断ってきやがった」とか「バッカやろう。今度会ったらタダじゃおかねぇからな」ということが珍しくありません。

言葉はつねに肯定的に使う必要があります。他人に向けられた言葉でも、使った本人の潜在意識に刻み込まれてしまいます。

どんな場合も罵詈雑言《ばりぞうごん》はいけません。人を呪《のろ》う言葉、人を傷つける言葉、人を否定する言葉……。これらはすべてブーメランのように、自分に向かってきて、他ならぬあなたを呪ったり、傷つけたり、否定することになります。

ある女性は、言葉づかいがきれいだと上司に認められ、受け付けを担当することになりました。最近は派遣社員を使うところも増えていますが、その会社では、受け付けは会社の顔である、と考え、社員の中から最適任者を選ぶことにしていたのです。あるとき、彼女は、日中からちょっと酔った客にからまれてしまいました。でも、一度も声を荒らげることなく、終始、きれいな言葉づかいでにこやかに対応し、その場をおだやかに収めてしまいました。

それを見ていた訪問客の一人から交際を申し込まれ、いまでは彼と婚約中。将来有望なエリートで、彼女の幸福は約束されたようなものです。

3章

「最高の名医」は、自分自身の中にいる!

ガンと共存してしなやかに生きる素敵な女性

ある女性がいます。若く、美しく、職業は医者。夫も医者。都内一等地の高級マンションに住み、二人の間には男の子と女の子が一人ずつ。それぞれの実家は地方で大きな病院を経営しており、いずれはその病院の後継者となることが決まっているという、幸せな境遇でした。

ところが、彼女は三三歳のとき、乳ガンになり、片方の乳房を失ってしまいました。手術後一年ほど、子供を連れて実家の病院で療養し、東京に帰ってきた彼女を待っていたのは、夫からの唐突な離婚の申し出でした。好きな女性ができたというのです。気丈な彼女は、そういい出されたらもうおしまいだと考え、すぐに離婚に応じると仕事を再開し、以来、二人の子供をずっと一人で育ててきました。

数年前に乳ガンの転移が発見され、その後、転移は徐々に彼女の体をむしばんでいます。さまざまな検査が示す数字は悪化の一途なのです。それなのに、

「医者である自分でさえ、なぜ、こんなに元気でいられるのかわからない」

と彼女自身がいうほど、彼女は毎日エネルギッシュに活動しています。いまも、月～土曜日まで休みなく働いています。二人の子供はまだ学生。生活費、教育費の負担は彼女の肩にかかっています。忙しい仕事の合間には、ボランティアで、同じ病気に苦しむ患者さんと医師の橋渡し役も務めています。医者と患者の両方の立場を理解できる彼女の存在は貴重です。

少しでもヒマがあると、趣味の社交ダンス教室に足を向け、華やかに踊っては〝お姫さま気分〟を満喫します。踊っていると、心に羽がはえたように、どこまでも飛んでいけそうな気がする……。踊っているときの彼女は本当に楽しそうです。休日は愛し合うようになった男性と、いろいろなところに出かけて楽しんだりもしています。

ガンと闘う女医さんというテーマで、あるテレビ局が彼女の日常をドキュメンタリー番組にまとめようと撮影を始めたことがあります。でも、彼女の日々が「ガンと闘う」というイメージとはほど遠いこと、かなり深刻な状態だと聞いていたのに、あまりに元気であることを理由に、テレビ局は撮影を途中でやめてしまいました。視聴者が期待するのは、もっとシリアスで、どこかに〝不幸な影〟がある映像だからというのです。

▼〝今日一日に感謝して、目を閉じる〟

腫瘍《しゅよう》マーカーという体内にガン細胞がどのくらい存在するかを知る検査では、相当高い数値が出ている彼女が、なぜ、こんなに元気に、イキイキとした毎日を送っているのか。その秘訣は彼女の心的態度にあるといえるでしょう。

彼女は、ガンになった最初のうちは、毎日、自分の運命を呪っていました。そのためか、夫にまで去られてしまいました。ガンと離婚のダブルパンチ。その経験から、彼女はもう悩むことを一切やめようと決意したのです。どんなに悩んでも、恨んでも、ガンになったという事実、夫が去っていったという事実は取り返しがつきません。でも、人生はまだまだ続くのです。二人の子供も育てていかなくてはなりません。

ガンという事実を受け入れ、夫が去り、母と子供だけの家庭になったことを受け入れ、毎日、戦うように過ごしているうちに、やがて、一日の終わりに、自分のガンと話し合う習慣が生まれました。

「今日もおとなしくしてくれてありがとう。おかげで思う存分、仕事ができたわ」

こうした習慣を続けているうちに、彼女はごく自然に、毎日、自らの心の内奥《ないおう》に向かって感謝の思いを伝えるようになったのです。

「今日一日を元気に過ごさせてくれてありがとう。今日のような明日が来ますように」

そういって、床に入るのです。

その思いが潜在意識に届けられ、潜在意識は今日と同じように元気な明日を実現してくれるのです。

いまも彼女の検査数値はどんどん上がっています。医学的にいえば、ガンが増殖し、本来なら痛みや体力の衰えなどの症状が表面化するはずです。でも、彼女にはそんな気配はまったく見られません。痛みもなく、元気に仕事もできればダンスも、デートもできる。それなら、ガンであっても、健康体と変わりありません。

潜在意識の無限の力は、こんなふうに、病を〝消去〟してしまうのです。

特に、彼女が毎日、自分の内奥に向かって感謝していることは注目に値します。感謝の念は、潜在意識をいちばん強力に働かせる力となります。彼女のように感謝することを毎日続けていれば、誰よりも充足したすばらしい人生を生きられるのです。

▼「自分で自分を治す力」を高める究極の法

彼女はもちろん、現代医学の治療も行っています。でも、それを受けるときも、潜在意識の力を大きく引き出しながら受けるようにしています。たとえば抗ガン剤の点滴を受けるときは、体内でガン細胞と抗ガン剤が戦い、どんどんガン細胞をやっつけて勝利を収める様子を、ありありと脳裏に思い浮かべながら受けるというように。

つまり、彼女は、自分の思いの力でガンが暴れ出さないように抑えているといえるでしょう。

人の体内には、膨大な数の病原菌がウヨウヨしています。それが異常増殖するなどして、悪い結果をもたらしたものが病気です。体内にガン細胞が巣食っていたとしても、何ら悪さをしないなら、ガンは治った状態だといってよいでしょう。彼女は自分の力でガンを抑えています。

こうした力は彼女だけに備わっているのではありません。

誰の中にも、潜在意識という形で、無限の治癒力が備わっています。それを引き出

し、思う存分働かせれば、自分で病気を治せるようになります。

病気は、肉体と精神が一時的にバランスを崩し、不調和になった結果、引き起こされる心身の異常な状態です。あくまでも、一時的なものだと考えてよいでしょう。

人はちょっと具合が悪いと弱気になり、物事を悪いほうへ悪いほうへと考えがちです。「万が一……」「ひょっとしたら……」と考えつつ、しだいにマイナス方向に向かってしまうのが普通です。

でも、彼女のように、ガンを悪者と見なさなければ、こんなすばらしい日々を重ねていくことができるのです。

この女性の名は小倉恒子《おぐらつねこ》さん。いまも元気に仕事をし、踊って楽しんでいるガンの患者さんです。

医者が奇跡を信じなければ、患者も奇跡を起こすことはできないと語るのは、ホスピス医の森津純子《もりつじゅんこ》さんです。ホスピスとは、治る見込みのない末期ガンなどの患者の苦痛や死の恐怖を和らげ、尊厳を保ちながら人生の最後を送れるようにするケアのことです。森津さんは筑波大学医学部を優秀な成績で卒業した若い医師ですが、ホスピス医の道を選び、主にガンの患者さんと向き合っているうちに、患者さんと一緒に医師も奇跡を信じて、病気と明るく向き合った場合、奇跡としか思えないようなことが起こるという体験をいくつも重ねてきました。

「ガンに〝ポコちゃん〟なんて名前をつけて、朝、起きると、おはよう、ポコちゃん。今日も仲よく過ごそうね、なんて話しかけていた患者さんは、大きな腫瘍があり、命は助からないといわれてホスピスに来たのに、しばらくしたら、腫瘍が本当に小さくなってしまって、元気になって退院していったんですよ」

森津さんが体験したこの例のように、患者はもちろん、医師も一緒になって、「必ず治る」と奇跡を信じることができれば、不治の宣告を受けたガンも、まったくその存在が気にならないほどまで小さくなるのです。

病気は医者や薬が治すのではなく、あなた自身が治すのです。心の底から湧き起こってくるエネルギー、やる気、元気、心の平安……。これらは皆、潜在意識の持つパワーです。このような潜在意識のパワーをあふれるほど湧かせてそれを前向きに生かせば、病気は快方に向かい、やがて治ります。

▼潜在意識の偉大な治癒力を証明する「プラシーボ効果」

Iさんは頭痛持ちで、いったん頭痛が始まると目の前の柱が歪んで見えるほどの痛みに襲われます。もちろん仕事も手につかず、その日は早退して、自宅で悶々と過ごすほかはありません。こうしたことが続くため、会社でもIさんを重要なポストにつけることを恐れるようになり、気がつくと同期入社の仲間からはだいぶ後れを取ってしまいました。

本気で偏頭痛を治そうと思いたったIさんは、ある病院の頭痛外来を訪れました。この病院の頭痛外来は、内科医、神経科医などがチームをつくって治療にあたっており、Iさんのケースも、複数の医師がコンファレンスを開き、その結果、ある〝薬〟を投与することになりました。

「最近、開発された頭痛の特効薬です。いままで、うちの患者さんで、これで治らなかった人はないですね」

それからはIさんもこの特効薬を常時携帯し、頭痛が始まるとすぐに服用することにしました。さすがに特効薬です。あれほど頑固だったIさんの頭痛は、この薬を服用すると、魔法をかけたようにピタリと治まります。

そのうちに、なぜか、だんだん偏頭痛が起こる頻度が間遠《まどお》になってきました。そして、ふと気がつくと、特効薬を携帯してさえすれば、偏頭痛はまったく起こらないようになりました。Iさんはいまも特効薬を常時携帯し、偏頭痛から解放されて、伸びのびと仕事をしています。しだいに同期生からの遅れた分を取り戻し、最近では、同期のトップを切って課長になるのではないかという噂が飛んでいます。

頑固な偏頭痛をピタリと止めてしまう、劇的な効果を持つ特効薬。実は、その正体はただの栄養剤にすぎませんでした。これを知っているのは医師チームだけ。ただの栄養剤がなぜ、Iさんの頭痛を完全に治してしまったのでしょうか。実は、ここで働いたのは、特効薬ではなく、Iさんの潜在意識の力だったのです。

Iさんは、（この薬を飲んだのだから）、頭痛は必ず治ると信じ込んでいました。必ず治ると信じる心。これが、潜在意識の底知れぬ力を引き出したのです。

このように、薬でもないものが病気を治してしまう効果をプラシーボ（偽薬効果）といい、昔から、その存在は広く知られていました。

あなたも、この潜在意識の信じられないような治癒力を得たいと思うなら、ただ、治ると信じてください。

そんなバカなこと、と一笑に付すようなら、あるいは、頭の中ではそんなこともあるかもしれないと理解できても、自分にも起こるとは実感できないというなら、今すぐ考え方を変えてください。

本当に、病気に苦しみ、その苦しみから解放されたい、病気を治したいと思うなら、自分には奇跡的な力が備わっていることを思い出すのです。それだけで、病気はもう治りかけています。

なぜ、彼女は〝苦もなく〟やせられたのか？

やせ願望は、ある意味で心の病気です。しかし、Nさんの場合は、明らかに病的な肥満でした。身長一六〇センチで、体重は八〇キロに近いのです。まだおしゃれをしたい盛りの二〇代なのに、普通サイズの洋服が着られないため、ブティックをのぞく楽しみさえありませんでした。Nさんの願いは、ショーウインドウをのぞいて、衝動買いをしてみたいということでした。

病院にも通いました。彼女の肥満は、ホルモン異常などからもたらされたものではなく、「単純肥満」、早くいえば食べ過ぎだといわれ、食事制限を申し渡されました。

入院し、糖尿病患者が食べる低カロリーの食事をとり、食生活を変える訓練を受けたこともあります。でも……退院してしばらくすると、もとのもくあみ。Nさんは生クリーム系の食べ物や脂身の多い肉が大好物。チーズも大好きで、ピザを頼むならダブルチーズ、焼き肉屋に行けば、脂がこってりのったカルビを一人で三人前も平らげてしまいます。好物を前にすると、Nさんは必ず、こう思ったものです。

「ママも太っていたんだもの、私の肥満は家系、遺伝なんだわ。努力をしてもやせられないに決まっている。……だったら、おいしいものを食べようっと」

そんな彼女が恋に落ち、彼に振り向いてもらいたいという思いから、どうしてもやせたいと願うようになりました。

Nさんは肥満である他は、積極的で、つねに向上意欲に富み、マーフィー博士が書いた本も何冊も読んで、むずかしい資格試験にも一発で合格しています。その経験から、何としてもやせたいという思いに、マーフィーの法則を応用できないかと考えつきました。その夜から、彼女は寝る前に、自分自身の奥深いところに向かって、こう祈ることを始めました。

「私の体重はいま五〇キロです。普通サイズの洋服を、どれでも無理なく着ることができます。身のこなしも軽く、疲れにくくなりました」

実際、八〇キロも体重があると、体が重く、ちょっと動いただけでどっと疲れてしまうのです。

毎晩、こう自分に向かって宣言するようになってから、四～五日たったころでしょうか。彼女は、ふと、自分の食べ物の好みが少し変わったことに気づきました。こってりと脂肪がのった脂肉よりも、さっぱりとした魚を食べたいと思うようになっていたのです。以前は食事の後に必ず口にしていたケーキやアイスクリームにも、手が伸びなくなっていました。

こうして一年半。現在、彼女の体重はちょうど五〇キロ。見た目では、以前の彼女の半分ぐらいにやせています。念願の九号サイズの洋服がスルスルと入るようになりました。いまの彼女は、どんなブティックにも胸を張って入っていけます。

「お試しになりませんか？」

ブティックの店員さんからこういわれたことが、Nさんの最高の喜びだったそうです。

Nさんは、なぜ、今回減量に成功したのでしょうか。それまで何回も、医者にもかかってやせようとしたときには成功しなかったのに。

理由はただ一つしかありません。そのころのNさんは、心の中では、「自分が太っているのは遺伝。だから、自分はやせられない」と信じていたのです。潜在意識はあなたの思いをそのまま実現してしまいます。

Nさんは、実は「太っていること」を選択していたことになってしまうのです。ところが、今回は、毎日寝る前に、五〇キロになった自分を宣言する習慣を身につけたのです。

眠りに入る前に、自分の潜在意識に向かって放った言葉や思いは、そのまま潜在意識に刻み込まれます。そうすれば、いつか、その願いは必ず、現実レベルに浮上し、あなたの現実をつくり替えてしまいます。

潜在意識は、Nさん自身の欲求をコントロールし、脂っぽい物や甘い物を欲しがらないようにつくり替えてしまいました。そうなれば、体重は着実に落ちてきます。体重が軽くなれば、それまでよりずっとよく動くようになり、これもやせることに拍車をかけました。

Nさんにはリバウンドの心配もないはずです。彼女は、自分の食欲を抑え込むことによって減量を達成したわけではないからです。抑えたものは、抑える手を少しゆるめれば、必ず、はね返り、反発します。Nさんの場合は、自然に、太りやすいものを食べたくなくなっていったのです。ごく自然の動きですから、反発は生まれません。

すっかりスリムになった彼女は最近、急にモテモテになり、幸福感にあふれ、輝くような人生を送っています。

一年半前の、太って、誰も相手にしてくれなかったNさんも、スリムでおしゃれになって周囲の人々を引きつけ、幸せに満たされているNさんも、どちらもNさんの潜在意識がつくり上げた姿です。

あなたも、減量を達成したいと心底思っているならば、まず、理想的な姿の自分を選択することから始めましょう。

なりたい自分をきっぱりと選び、その決断を自分自身にしっかり植え込むようにする。あなたがしなければならないのはこれだけです。後は、潜在意識の大いなる導き

に任せましょう。潜在意識は、あなたの思いを受け取り、なりたいあなたに向かって必要なことをすべて整え、実行してくれます。

▼「ただの水」が芽生えさせた〝奇跡の種〟

Jさんのお母さんは五二歳。体調不良を訴えて病院に行ったところ、診断は大腸ガン。すぐに手術をしたのですが、手術後、Jさんに向かって医師が告げた言葉は「お母さんは、もって、あと半年ぐらいでしょう」という残酷なものでした。お腹を開いたところ、すでに肝臓に転移が見られ、とても摘出し切れなかったのだそうです。

Jさんの両親はJさんが三歳のときに離婚しました。以後、お母さんが保育園の保母をしながら、Jさんを女手一つで育ててきたのです。その母親が三カ月後にはこの世にいなくなってしまうなんて。Jさんはそんな現実は想像することもできません。

日ごろから、万一、ガンになったら、ちゃんと告知してほしいといわれていたこともあり、Jさんは医師とも相談した結果、お母さんにはガンであることは告知し、ただし「手術で悪いところは全部取り除いた。後は体力をつけて回復を期すだけ」と話しました。

ところが、日ごろから非常に気丈で、前向きだったお母さんが、ガンと聞いたとたんにすっかり気力を失ってしまい、見るみる弱っていってしまったのです。

何とか奇跡を起こせないだろうか。そんなとき、Jさんは書店でマーフィー博士の本を見つけ、その中に、ただの木片で奇跡が起こったというケースが紹介されていることを知りました。オーストラリアで、死にかかっていた父親を救おうとした息子が、ただの木片をイエス・キリストが最期を遂げた十字架のかけらだといって父親に握らせたところ、やがて父親の病気が完治したという話です。

息子が持ってきた木片は本当にイエス・キリストの十字架の一部だと信じた父親の純粋な思いが、潜在意識を動かし、奇跡を現出したのです。

Jさんは、この話に感銘し、この世には奇跡があることを信じようと思いました。

Jさんもお母さんも、ヨーロッパにどんな病気でも治す奇跡の水があることを知っていました。その泉の水の奇跡の力は、ローマ法王庁でも認めているといいます。

といっても、Jさんにはヨーロッパまで、その水を取りに行く時間もお金もありません。そこで、Jさんはデパートで見つけたフランス製のガラス瓶《びん》に、ミネラルウオーターを満たし、お母さんのところに持っていきました。親しい友人がお母さんのためにヨーロッパまで行って、奇跡の水を持ち帰ってくれたと告げたのです。

お母さんは心の底から嬉しそうでした。そして、その水を一滴一滴、かみしめるように大事そうに飲みました。

奇跡の水を飲み始めて一カ月ほどたったころ、Jさんは医師にこう告げられました。

「ちょっと信じられないんですが、お母さんの腫瘍マーカーがどんどん小さくなってきましたね」

三カ月後、腫瘍マーカーはさらに小さくなり、詳しい検査をした結果、肝臓に転移したガンはほとんどきれいに姿を消したことがわかりました。医師も「奇跡としかいえませんね、これは」と首をかしげるばかりでした。

Jさんは奇跡は誰にでも起こることを実際に体験し、改めて、奇跡の種は誰の中にも潜んでいることを確信しました。お母さんは、Jさんの成長をもう少し見守りたいという気持ちから、どうしてもガンを克服したいと強く願い、奇跡の水の効果を一〇〇パーセント信じ切ったのです。

Jさんも同じでした。毎日、水をガラス瓶に詰めながら、しだいにその水は本当に

〝奇跡の力〟を秘めているのだと感じるようになり、そのうちに、すっかり元気になったお母さんと一緒にショッピングを楽しんだり、旅行をしている夢をしばしば見るようになっていました。

Jさんとお母さん、二人のこの純粋な思いが潜在意識に潜んでいた奇跡の種を芽吹かせ、肝臓に広がっていたガン細胞を撃退してしまったのです。

「信じている対象が本物だろうと偽物だろうと、結果は同じだ」。これはスイスの医学者・パラケルススの言葉です。

▼病気は〝一時的な自分の姿〟にすぎません！

最近の医学は、ガンやエイズもストレスが発病の誘因になることを認めています。ガンは細胞が分裂する過程で生じた異形細胞が増殖したものですが、必ずしもすべてが悪性化するわけではありません。エイズも、ウイルス感染した後も発病することなく、健康人と何一つ変わらない生活を送るケースも少なくないのです。

異形細胞が生じたり、ウイルス感染した後、それが重大な病気に発展するかしないか。その違いをもたらすものはストレスだといわれています。

ストレスのすべてがそうだというわけではありませんが、多くの場合、ストレスは〝誤った思考〟の結果です。こうした誤った思考のカスはたまりたまって、ガンやエイズなどの病気を発現させてしまうのです。

ストレスを発見したカナダの生理学者ハンス・セリエは、「ストレスは人生のスパイスだ」という言葉を残しています。ストレスとは、生体に刺激が加えられると起きる反応のことをいい、人間にかぎらず、生きているものならばすべてが持つ正常な現象です。つまり、必ずしもすべてのストレスが悪者というわけではないのです。

「ガンになるのではないか」「ガンになったら大変だ」とつねに恐れていると、かえってガンになりやすくなってしまいます。

それよりも、自分の体はいま完全なバランスを保っており、そのおかげで健康だ、と現在の健康を感謝し、その状態が明日も続くようにと強く、深く願望すればよいのです。現在の健康状態はあなたの思考が具現化されたものです。

健康であり続けたいなら、病気になることを心配したり、恐れるのではなく、元気な自分をイメージすればよいのです。

健康になり、健康でいられることに強い欲求を持っているかぎり、あなたは病気とは無縁になります。病気を抱えている状態は一時的なもので、普段の自分は健康で、イキイキと仕事に全力投球しているとか、好きなことを夢中になっていると思うことです。健康な自分を強烈に思い浮かべていれば、潜在意識はその思いのままに動き、健康なあなたを取り戻せます。

▼この〝サイン〟を見抜けなかったために、死ぬほどの苦しみが――

Yさんは夕刊紙の記者。三〇代に入ったころから、ときどき、激しい目の痛みに苦しんでいました。ひどいときは痛みは目の裏から頭に回り、さらには胸をギュッとつかまれるような感じになり、大の男がのたうち回ってしまうほどです。

家庭の医学書を開いてみてもこんな症状はありません。しかし、仕事に脂がのっている働き盛りのYさんは、医師に行くと、「視覚神経がやられています。もう、仕事は無理ですよ」といわれるのではないかと恐れ、痛みの発作に襲われるたびに、黙って部屋にこもったり、職場で起きた発作なら、「今日は気分がのらない。こんな日は飲むしかないな」とふてくされたような態度で会社を出、行きつけのバーのカウンターの隅に座り、グラスを傾けるふりをして、痛みをやり過ごしていました。

そのうちに、視界にチラチラ雪が降るようになりました。専門的には、目の前で蚊が飛ぶように見えるところから、飛蚊症《ひぶんしょう》といわれる症状です。そのうえ、視野も狭くなってきたようでした。

そして、ついに、Yさんはほとんど目が見えなくなってしまったのです。さすがにこのころになると、必死にあちこちの眼科医を訪ねては、何としても視力を取り戻したいと訴えて回りました。しかし、Yさんの目は現代の医学の常識ではどうしても理解できない、原因不明の眼病と診断されてしまいました。原因不明とは、これという治療方法もないという宣告と同じです。

Yさんはついに仕事を続けることを断念しました。勤務先の新聞社に辞表を出し、以前に建てておいた山荘に住まいを移し、しばらくはこれから先、どうやって生きていくかを真剣に考えるようになりました。はじめのうちは、将来への不安や心細さなどから、精神的にも落ち着かず、酒を浴びるように飲んだりすることがありました。

彼を愛し、仕事を放り出してまで行動を共にしてくれた彼女にも、何度も「もう帰ってくれ、一人にしてくれ！」と叫んでしまったぐらいです。

半年ほどたったころでしょうか。Yさんはようやく、目が見えない自分を受け入れるようになっていきました。一緒に暮らし、なにくれとなく自分を助けてくれる彼女にも心の底から感謝できるようになっていました。

このころ、Yさんは以前から心のどこかに潜んでいた、童話を書いてみようという思いに本気で取り組むようになっていました。まだ、盲人用の点字ワープロは打てず、思いついた構想をテープに吹き込み、それを彼女が原稿に起こすという方法で、少しずつ原稿をためていくようになったのです。

奇跡が起こったのは、そのころです。ある日、目覚めると視界が晴れやかで、窓の外の景色もはっきりと見えます。Yさん自身、自分の目は見えないと思い込んでいましたから、これは夢だと思ったといいます。

でも、奇跡は本当でした。夢などではなかったのです。その日から、Yさんの視力は見るみる回復していきました。

これに似たケースはマーフィー博士の著作にもしばしば登場します。マーフィー博士の理論を引き出せば、Yさんのケースもきれいに説明がつきます。

"自分自身についたウソ"が、目を見えなくさせていた!?

Yさんが本当にやりたい仕事は、子供たちに夢を与える童話を書くことだったのです。しかし、大学を出るとき、童話でご飯を食べていかれるとはまったく思えず、Yさんは似たような業種だと思い込み、夕刊紙の記者という仕事に就きました。でも、ここで与えられた仕事はスキャンダルを追いかけたり、社会の裏面をのぞいたり、童話の世界とはあまりにもギャップがありすぎました。

それでも、Yさんは、一応、社会的に名前の知られた会社であること、給料がよかったことなどに引かれ、「この仕事でもいいや」と思うようになっていました。

しかし、Yさんの潜在意識は、しだいに夕刊紙の仕事に「NO」というサインを出し始めました。Yさんの心の奥深いところに、「一生、この仕事をやるのはイヤだ」という声が潜んでいたからです。その声にYさんがなかなか反応しなかったため、潜在意識はついに最後の手段に出て、その結果、目が見えなくなってしまったのです。

いままでは、Yさんは自分が本当にしたいと思っていた、童話を書く仕事に本気で取り組むようになっています。

潜在意識はようやくYさんに視力を戻そうと決めたのです。こうお話しすると、潜在意識とYさんは対立する存在のように聞こえてしまうかもしれませんが、潜在意識はYさんそのものです。Yさんの本質といってもよいかもしれません。

病気の中には、潜在意識という自分の本質が、現在のあなたの考えや行動を間違っているとサインを送っているケースも少なくありません。

潜在意識にウソをつかず、本当にやりたいことを伸びのびとやって生きている人はたいてい、心身ともに健康で、晴れやかな顔で生きています。

▼この「不思議なパワー」は当然、他人にも有効！

ノーベル生理学・医学賞を受賞したフランスの世界的外科医アレキシス・カレル博士（主著に『人間 この未知なるもの』渡部昇一訳・三笠書房）は、子供が不治の皮膚病にかかり、「私の娘が治ってくれれば、片腕をあげてもいい」と祈り続けたあるロンドン在住のある男性が、交通事故で腕を失うと同時に、娘の皮膚病が治ったというような、不思議な事例がときどき起こることを認めています。

不思議なことにお気づきでしょうか。これまで、潜在意識は自分の願望を自分の上に実現する不思議なパワーであり、自分の人生に奇跡を起こすことさえできる、無限のエネルギーの源泉であるとお話ししてきました。

ところが、カレル博士が認めたロンドンの男性のように、**潜在意識に願望をインプットすると、潜在意識の力によって、その人自身ではなく、違う人にも働きかけ、願望を実現したり、奇跡を起こすことも可能なのです。**

どうしても治したい人があるなら、その人が元気で健康な状態である様子をありありと心のスクリーンに思い浮かべ、そのイメージを潜在意識にしっかりと伝えるのです。そしてただ、信じましょう。潜在意識が必ず、その人を健康にしてくれることを。

本来、病気を治すことはその人、本人しかできません。他の人ができることは、その人の快癒を心から祈ることによって、自分の持つ潜在意識のパワーをその人に送り届けることだけです。

しかし、その効果は歴然としています。その人が持つ潜在意識の力に、周囲の人の潜在意識のパワーも集約されるのですから。

▼病気に〝最もなりにくい体質〟に改善する法

潜在意識をイキイキと働かせる思いの一つに感謝の思いがあります。いま、あなたがここに存在しているということは、今日という日をあなたはつつがなく、何一つ、欠けたものもなく、過ごすことができたことを物語っています。

潜在意識は、あなたに必要なもの、すべてを与えてくれます。いま、あなたが手にしていないものは、あなたにいま必要がないものか、あなた自身が真摯《しんし》に求めようとしなかったものかのどちらかです。

ですから、一日の終わりには、今日一日を過ごせたことを心から感謝して受け止めましょう。すると心に平安が訪れ、何ともいえない幸福感さえ満ちてきます。

こうした状態は、潜在意識をイキイキと働かせ、病気に最もなりにくいあなたをつくります。

反対に不満、不平、憎しみ、嫉妬、絶望的な気持ちなど、マイナスの心の動きはあなたの中に病気になりやすい状態をつくったり、病気そのものを発生させたりします。

最近では、ガンや糖尿病、心臓病などの病気も、ストレスや心の状態が引き寄せることが多いことがわかってきています。マイナスの心的態度は、こうした病気の誘因になってしまうのです。

糖尿病、心臓疾患、高血圧などを生活習慣病といいますが、もう一歩、考えを進めれば、潜在意識とまっすぐ向かい合い、健康であることをしっかりと願う〝心の生活習慣〟を身につければ、こうした生活習慣病にかからないですむようになります。

食生活に気をつけ、適度な運動をする。これらももちろん大切な生活習慣です。しかし、もっと大切なのは、あなた自身の力を信じて、潜在意識と前向きに向かい合う習慣を確立することです。

健康に過ごしたい、と強く、積極的に願い続けましょう。そうすれば、あなたはいつも健康でいられます。

健康は、潜在意識があなたに贈り届けてくれる人生最大の財産です。現在、健康な人は、まず、そのことに心の底から感謝しましょう。感謝の念はあなたをさらに健康にし、いつまでも若々しく、衰えを知らない体や頭を整えてくれます。

万一、あなたがいま、どこか不具合を抱えていたとしても、その程度の不具合ですんでいることにまず感謝し、そのうえで、健康な自分をイメージしながら、「もっと健康になりたい」と願い続けましょう。

健康になりたいからと、健康食品やビタミン剤など健康補助剤を飲むことが大ブームになっていますが、多くの場合、それを飲まなければ健康を維持できないといった、マイナス方向に考えがちです。健康を維持したいなら、むしろ、そうしたものの助けを借りず、あるがままで健康である自分を目指すべきです。

4章

〝一生の財産量〟を決める「お金とのつきあい方」

〝拾う神〟がくれた途方もないチャンス

Kさんは三五歳。会社を設立してから五年で株式公開を果たし、ベンチャーの旗手として、マスコミにもしばしば登場しています。

ほんの五年前、彼はどん底にいました。それまで築いてきた彼のキャリアはある日、あっという間に崩壊し、すべてを失ってしまいました。父親と決定的に対立し、それまで父の会社の専務としてKさんが開拓してきた仕事先への出入りを一切禁じられてしまったのです。

突然の成り行きにKさんは毎日、呆然とするばかり。なすすべもなく、河原に寝転がり、空行く雲を眺めていました。そんなとき、ふと目に止まったのが、河原に咲く花でした。

「何てきれいなのだろう」

河原に咲く花には、バラやランのような華やかさはありません。でも、見れば見るほど、やさしい雰囲気をたたえています。疲れた彼の心には、その花のやさしさがしみじみとしみ入っていくようでした。

ふと彼は思いました。この河原に咲く花のやさしい美しさを、一人でも多くの人に届けよう。そうすれば、同じように疲れた心の持ち主を慰めることができるだろう。

それからというもの、Kさんは明けても暮れても、花屋を開くことばかり考えるようになりました。どうやって栽培するか。どのように仕入れるか。それをどんなふうに売ればいいのか。具体的な方法を探りながら、頭の中は、ただ、この楚々《そそ》とした素朴な花の美しさを多くの人に知ってもらい、一人でも多くの人の疲れた心を慰めたいという思いでいっぱいでした。

あれこれ、プランは思いつくのですが、何よりもKさんにはお金がありません。どうしてもKさんについていくといってくれた、たった一人の社員と二人で、毎日、カップラーメンを食べるのがやっと、という暮らしだったのです。

ある小さな金融機関の営業マンが彼のもとを訪ねてきたのは、そんなある日のことでした。

それから三週間後、ふたたび金融マンがやってくると、突然、「三〇〇万円、融資します」といったのです。Kさんはまさに奇跡が起こったと思ったそうです。

それまでもあちこちお金を借りに歩いたのですが、父親に放り出されたKさんには何の信用も担保もなく、はっきりいえば、どこも相手にはしてくれなかったのです。しかし、その金融マンは、Kさんの花にかけるひたむきな思いと、そのビジネス構想がしっかりしていることに心を引かれ、上司を説得すると、何とか三〇〇〇万円の融資の裁可を取り付けたのでした。

このお金で突破口を開いたKさんの花ビジネスはその後、まさに奇跡としかいえないような猛スピードで拡大しました。最近では花全般を扱うようになり、年商は一〇〇億円を突破。大変な成功を収め、ついに株式上場という、起業家なら誰でも夢見る大望を実現したのです。

株式を公開すると、創業者の手には巨額のお金が転がり込みます。Kさんも例外ではなく、五年前、カップラーメンをすすっていたのがウソのように、いまでは都心の高層マンションに住み、車はイタリアの名車。人も羨む生活を手に入れています。

Kさんのケースは、成功とはバブルの崩壊とか不景気とは関係なしに手にすることができることを証明しています。

「花は人の心を癒す力を持っている。不況で、人が疲れたり、ストレスや寂しさを抱えているときほどよく売れる。花ビジネスはいまがチャンスだ」と、絶えずポジティブな考え方を持っていました。

マーフィー博士は、誰もが豊かになる権利がある。人は、豊かな人生を送るために生まれてきたのだといっています。でも、自分は貧しいというなら、その人は、自分に与えられた豊かになる権利を放棄しているのと同じです。

マーフィー博士はまた、誰の中にも、あふれるほどの富を蓄えた金庫があるといっています。お金がない、お金に困っているという人はその金庫の開け方を知らないだけです。

Kさんは、その金庫を自分の手で開いたのです。

Kさんが願ったのは、ふと自分の心を強く引きつけた花を、より多くの人に広げたい。純粋にそう願っただけでした。人の心を慰めたい……。その思いを真剣に自分の奥底に向けたのです。

その結果、〝心の金庫〟の扉が開き、現在の豊かな暮らしを手に入れることができたのです。

"賢いお金"は、もっと大きなお金を連れてくる!

「本当に必要なお金は、必要なタイミングで必ず手に入る」

これは、三五歳で自分が創業した会社の株式を公開し、莫大《ばくだい》なキャピタルゲインを手に入れたKさんの言葉です。実は、この言葉はマーフィー博士が口にする言葉の中でも、最も広く世界に知られているものの一つです。

強く、本心から願えば、必要なお金は潜在意識がちゃんと用意してくれます。潜在意識はその使い道や方法論には関係なく、必要なだけのお金を用意してくれます。

多くの人が、寡欲《かよく》とか、節約、倹約、あるいは粒々《りゅうりゅう》辛苦《しんく》というような言葉が大好きで、お金は節約して貯めるものだと思い込んでいます。

お金は貯めよう、貯めようとしているとちっとも貯まらないものです。ところが、いつか海外旅行に行こうと思い、サイフの中の五〇〇円玉を見かけるたびに手近な缶などに入れていく。ふと気がつくと、十分に海外旅行に行かれるだけのお金が貯まっていた。そんな経験の持ち主はかなり多いはずです。

もっといえば、お金を貯めるという思いを持つよりも、そのお金で何をしたいのか。目的意識を明確にしなければ、お金は貯まりません。

お金はそれだけでは何の意味もありません。お金はそれを使って、何かを手に入れるとき、初めて価値を発揮するのです。貯金通帳に三〇〇万円あるからといっても、それは通帳に刻印された、ただの数字にすぎません。ただの数字には大した意味はありません。

それよりも、Kさんの場合のように、三〇〇万円を事業資金としてフルに生かして使えば、そのお金はもっと大きなお金を連れてきます。

お金を貯めることが自己目的化してしまうと、お金を貯めることにこだわりすぎ、どうしても防衛的な生き方になってしまいます。けっして浪費を勧めているわけではありませんが、お金が必要なら、歯を食いしばっても節約し、そのお金を貯めようなどと思わないほうがよい。これだけははっきりいえます。

それよりも、そのお金で何をしたいのか。その目的をかなえた自分を強く、はっきりとイメージするのです。あるいはどうしてもそうしたいという目的を、自分に強く宣言するようにしましょう。

お金は目的をかなえるため、なりたい自分になるための手段である。そう認識することが大切です。

「心の声」に耳を傾けてつかんだ最高の〝玉の輿〟とは

Nさんと Yさんは高校時代からの長い交際を続けていました。お互いに、いつか結婚することになるだろうと思いながら。

ところが大学三年のとき、Nさんは筋ジストロフィー症という難病にかかってしまいました。徐々に筋肉が衰えていき、しまいには車椅子、最終的には寝た切りになる可能性の高い病気です。いまのところ、これといった治療法も発見されていません。

Nさんは、自分から結婚しようといい出すことができなくなり、Yさんの決断に自分の運命をゆだねることにしました。

Yさんの両親は、当然のように二人の交際に渋い顔を見せるようになり、Yさんに次々と縁談を勧めます。そうした中には、誰が見ても玉の輿《こし》だと思うような、すばらしい条件のものもありました。

Yさんは黙って、日々、自分の心の本音を見つめていました。そして出した結論は、「Nさん以外に自分の結婚相手はいない」というものでした。

それから一六年が経過。現在、NさんとYさんは、都内の高級住宅地に豪壮な邸宅を構えています。ハワイにも別荘があるそうです。二人の子供も生まれ、何不自由ない暮らしを楽しんでいます。

しかし、Nさんの病気は進み、いまでは車椅子生活になって着替えや食事にも介助が必要です。Yさんはそれをかいがいしく手伝い、さらには会社でもNさんのよい片腕となっています。

そうです。二人は大学卒業後、結婚式を挙げず、その費用を親にもらい受けると、二人で会社を始めました。体に障害がある人が使う、介護機器、福祉機器の専門会社を設立したのです。二人の会社の製品は、社長であるNさん自身が障害者であることから気づいた貴重な体験がそこここに生かされており、障害者にとってかゆいところに手が届くような製品ばかりです。当然、使用者の評判は上々で、売上は右肩上がりで伸びています。

さらに高齢社会の到来が二人の事業に強い追い風を吹き込みました。いまでは車椅子、介護ベッドなど製造が間に合わないぐらいの売れ行きです。

当然、会社は十分な利益を生み出し、豪壮な邸宅も、別荘も、欲しいものは何でも手に入るようになったのです。

もちろん、二人は強い愛情で結ばれており、経済的に恵まれている境遇についても、Nさんは「妻がいてくれたから」と、Yさんのほうは「夫がすぐれた開発をしてくれたから……」と互いの存在に深い感謝を示し合っています。

この例のように、自分が本当にこうしたいという生き方をまっすぐに選んだ場合は、生涯、お金に不自由することはありません。

Yさんは自分が本当に結婚したいという人を迷うことなく選び、結果的に最高の玉の輿をつかんだのです。

ただひたすら〝お金持ちへの道〟を歩もう！

現在の社会では、お金は一種の神通力を持っています。お金が第一とまではいいませんが、お金があればたいていの問題は解決できる。これは事実です。

金持ち喧嘩《けんか》せず、という言葉があります。これも、お金があればたいていの問題が解決するため、家族の間でもトラブルはめったに起こらないことを物語る言葉です。

Sさんは女優になってもおかしくないほどの美女ですが、若いころ、親に反発ばかりし、ルックスだけはいいけれど、ナマケものの男性を夫に選んでしまいました。できちゃった結婚だったため、結婚後すぐに娘のAさんが生まれ、子育てに追われる日々を送っているうちに、しみじみバカな人生を選択したと後悔するばかり。ついに、Aさんが三歳のときに離婚。それからは母一人で、Aさんを育ててきました。

お金がすべて、とまでは思いませんでしたが、少なくとも、貧乏暮らしにイラだつことはしばしばでした。夫との間にも喧嘩が絶えず、喧嘩ばかりしている両親を見て育つのはAのためにもならない。それも離婚を決意した大きな理由でした。

Aさんを育てるためにSさんは懸命に働きましたが、別段、これといった特技もなく、母と娘の生活はきわめて質素でつつましやかなものでした。

もっとお金が欲しい。心の底からそう思ったSさんは、毎晩、Aさんを寝かしつけながら、「あなたは将来、きっと大金持ちになるわ。欲しいものは何でも手に入る。何一つ不自由のない生活を送るようになるわ。ママにはよくわかるの」とつぶやき続けました。Sさんはマーフィー博士のことを知っていたわけではありません。でも、こういっているだけで、何だか本当に娘がお金持ちになったような気になり、何とも幸せな気分になるのです。ときには、Aさんがすっかり成長し、デパートで外商を通して、買いたいものを片っ端から買っている姿を夢に見てしまうほどでした。外商とは、デパートの特別のお得意さんがツケで買い物をする部署のことです。

すっかり成長したAさんは、大学時代の合コンで医師の卵と知り合いました。医師というだけで将来、リッチになることが保証されたようなものですが、さらに、この医師の実家は、故郷で毎年、長者番付に載るような資産家だったのです。

先方の両親は、金持ち喧嘩せず、を地でいくような人たちで、息子が貧しい家庭のAさんと結婚したいといい出したときも反対一つなし。彼は次男だったので、事業を継ぐ長男と違い、自由に好きな女性と結婚するのがいちばん、と理解を示してくれました。

幼いころから、Sさんが繰り返し耳元でささやいた言葉は、そのままAさんの潜在意識に刻み込まれ、Aさんは子供のころから、自分は将来リッチになる運命を持っていると信じ込んでいました。

潜在意識には、疑いもなく信じていることはそのまま現実化するという法則があります。お金持ちになりたい。お金が欲しいという願望の場合も例外はありません。Aさんは、自分が将来、金持ちになることをただ強く確信していたのです。Aさんが現代のシンデレラのようなリッチな運命をたどるのは潜在意識の法則どおり。きわめて当然の結果だったのです。

「お金大好き人間」にならなければ、お金持ちにはなれません

日本では、お金のことを口にするのはいやしいというイメージがあり、ビジネスレベルでさえ、「金銭的な条件は二の次」といったほうが好印象を持たれると信じている人が少なくありません。

中には、「私はお金が欲しくて仕事をするわけではありません。生きがいが欲しいんです」という人も少なくありません。

また、お金は大切な人間関係を台なしにしてしまう、という人もあります。最近、家庭裁判所で扱う案件で最も多いのは、遺産相続をめぐるトラブルだそうです。お金

が人間関係にヒビを入れてしまうケースは想像以上に多いということでしょう。

だからといって、お金のことを考えるのは汚い、お金はモメ事のモトだ、お金なんかどうでもいい、と関心がない素振りを見せたり、お金を否定してかかったら、どうなるでしょうか。

マーフィー博士が発見した潜在意識のパワーに関する法則性の一つに、潜在意識は磁場をつくり、同じ思いのものを引きつけるということがあります。お金をネガティブにとらえていると、お金に関してもネガティブな現象を引きつけ、それを現実化してしまう。これが潜在意識の法則です。

お金は悪いものではありません。金銭にまつわるトラブルは無知と間違った使い方から生じるのであり、お金に責任があるわけではありません。

お金と人生トラブル。この関係を説明するのに、マーフィー博士はよく、電気をたとえに引いています。電気は正しく使えば、人の暮らしを明るく照らし、はかり知れない便利さも実現してくれます。しかし、使い方を間違えれば感電死という恐ろしい結果が待っています。

お金も同じ。正しく向き合えば、お金は人生をかぎりなく豊かに満たしてくれます。

しかし、使い道を間違えれば、殺人事件につながるようなトラブルをしばしば引き起こします。

また、「お金は汚い」という人は、お金をそのようにとらえる、あなたの心が汚いのだと白状しているのと同じことです。

日ごろから、お金は汚い、お金は嫌いだといっていれば、お金はあなたからどんどん遠ざかっていきます。お金はどうでもいいといっているかぎり、どんなにいい仕事をしても、経済的には恵まれないまま、一生を終えることになっても文句はいえません。そうした一生をあなた自身が選んだことになるのですから。

潜在意識に対するときは、見栄《みえ》もポーズもいりません。お金が欲しいなら、私はお金が大好きですと、心の底から宣言しましょう。お金に向かって手招きするくらいの心構えを持つほうがよいのです。

お金は、お金を好きだという人のもとに、吸い寄せられるように集まってきます。同じ波長のもの同士が引きつけ合う。お金に関しても、宇宙の真理の法則に例外はありません。

"ホームレス体験"がお金のバランス感覚を磨いた！

リストラ、倒産……。戦後、最高の失業率を反映するように、都心や公園には、ホームレスの青いテントハウスが林立しています。

ホームレスに甘んじてしまうのは、お金の呪縛《じゅばく》から解き放たれた気楽さのためだといえるかもしれません。ホームレスの多くは、粗大ゴミの日に出された寝具などを拾ってきて使用し、賞味期限切れの弁当などを拾ってきて食べる暮らし。もちろん十分とはいえませんが、人はそれでも生きていくことはできます。つまり、現代社会において、お金がとてつもなく大きな力を持っていることは否定しませんが、必ずしも、お金がすべてを決定するわけではないということです。

しかし、ホームレスのように、必要なお金や仕事を得ることを完全に放棄してしまった生き方を続けているかぎり、お金が得られるようになることはありえないといってよいでしょう。毎日の暮らしを維持する必要十分なお金が欲しいなら、お金にもっと関心を示し、自分からお金に近づいていく姿勢が必要です。

あるホームレスの男性は、元銀行マンでした。

リストラされ、家でぶらぶらしているうちに奥さんと喧嘩になり、「出ていって」といわれ、家を飛び出したものの行き場もなく、そのまま駅構内で寝る日々に。仕事を探そうともせず、毎日ブラブラして過ごすばかりでした。当然、再就職先などあるわけもありません。

しかし、ある日、ビルのガラス窓に映った自分の姿を見てガク然とし、彼は心底、仕事が欲しい、お金が欲しいと願うようになりました。何より彼を打ちのめしたのは、いかにも貧相な目つきになってしまっていたことでした。姿形は元に戻すことができるでしょうが、このまま貧相で薄っぺらな印象の人間になってしまったら、そこから抜け出すことはむずかしいだろうと強く感じたのです。

それまでは、リストラされた銀行を自分から訪ねる気持ちにもなれませんでしたが、その日はなぜか抵抗なく、元の勤務先の銀行に足が向きました。家を出たときのスーツにワイシャツを着て、久しぶりにネクタイも締めて。

結論からいえば、彼はその日のうちに仕事が決まり、翌日から新しい仕事先に出勤するようになりました。仕事が欲しい、お金が欲しいと心底、思ったとき、彼はそれまでのわだかまりを乗り越えて、元の勤務先を訪問し、単刀直入に仕事を探してほしいと懇願できたのです。

結果的に、短い期間でしたが、ホームレス体験は彼を、お金を稼ぐことの大切さを身にしみて感じられる人間に変えていました。それまでは安定した生活がずっと続くものと思い込んでいた奥さんも、夫が失業し、給料が途絶えることもあるという体験をすると、これからは互いに自立し、その上で支え合って生きていくことを目指したいと思うようになったのです。

お金は手段であり、目的ではありません。お金は幸福と愛を実現するために必要なもの。あくまで、目的を達するための手段にすぎません。

この夫婦にとって、リストラからホームレスまで体験したこの数カ月は、人生におけるお金のバランスを理解するために欠かせない日々だったといえるでしょう。

風水が〝金運〟を招き寄せる人、ただの〝インテリア〟になってしまう人

「黄色は金運を招く。特に西側に黄色のものを置くと、お金が貯まるようになる」

風水に凝っている人はけっこういます。風水インテリアグッズを扱うインターネットのサイトもあり、金運がよくなるカーテンや壁紙、インテリア小物などが手に入るそうです。

Iさんは根っからの風水ファン。ずっと共働きを続けていましたが、健康を損なって仕事を辞め、専業主婦になってからは特にお金のありがたみが身にしみるようになりました。

そこで、風水で金運がよくなるといわれていることをすべて生活に取り入れることにしました。南側の出窓の棚には大きな金色の招き猫を置き、毎朝、毎晩、この猫に向かって「お金が貯まりますように」と祈ります。食卓に飾る花も黄色い花に決めています。黄色い花を見ていると、自然に、お金が貯まった自分のイメージが浮かんでくるのだそうです。

Iさんは、ご主人のおばあちゃんの家の二階に住んでいます。広い家に一人暮らしをしており、部屋が空いているので住んでいい、といわれたときは「ラッキー！」と思いましたが、実際に住んでみると、けっこう面倒なことが多いことに気づきました。何とかマイホームを手に入れたい。それがIさんの最大の念願でした。

新聞広告やチラシを毎日見ているうちに、ある日、「これだ！」という物件が目に止まりました。駅に近く、公園に隣接。施工は大手ディベロッパーと、何一つ、不足な点はありません。問題は価格。どう考えても、予算から一五〇〇万円はオーバーしています。無理にローンを組んでも、月々の負担が大きすぎて、満足に食べていくことさえできそうもありません。双方の親は年金暮らしに入っており、一五〇〇万円の補助要請など、とうてい口にはできません。

「やっぱり無理か」「諦めなくっちゃ」。そういい聞かせながらも、どうしてもそこに住みたいという気持ちを抑え切れません。その気持ちが募り、Iさんはそのマンションに住んでいる自分の姿を毎日、脳裏に浮かべるようになっていました。

そんなある日、Iさんのおばあちゃんが亡くなり、予想もしていなかった遺産が転がり込んできたのです。事情があって、子供のころ、Iさんはおばあちゃんに育てられたのです。おばあちゃんは自分が育てたIさんに、特別に多く遺産を渡したいと遺言を残していました。遺産の総額はちょうど一五〇〇万円。マンションを購入するのに不足している金額そのままでした。

こうして、Iさんは希望どおりのマンションを手に入れ、現在はそこに移り住み、かつて、脳裏に浮かべていたのとまったく同じ生活を楽しんでいます。

一方、Lさんは雑誌で風水の特集を読んでから、ときどき、思いついたように、南側に黄色いものを持ってきたりしています。Lさんは三〇代に突入したばかりのシステムエンジニア。いまのところ、親の家にパラサイトを決め込んでいますが、仕事の性質上、帰宅が深夜におよぶこともしばしば。できれば郊外の親の家を出て、ワンルームでもいい、都心のマンションを購入したいと思っています。

ときどき、黄色い花を飾りながら、手を合わせてみたりするのですが、いまのところ、何の効果も見られません。

IさんとLさんの違いはどこにあるのでしょう。

潜在意識の法則をご存じの方なら、二人に違いをもたらした理由を理解できるはずです。Iさんは、心底風水を信じ、毎日、お金が貯まった自分、お金が入ったら希望どおりのマンションを買って、そこに住んでいる自分をイメージしていました。

そのイメージは潜在意識に刻み込まれていき、やがて、潜在意識の法則が働いて、イメージを現実のものにしてくれます。

一方のLさんの場合は、風水に対する姿勢も中途半端で、心のどこかで、「バカバカしい。こんなことでお金が貯まるなら、誰も苦労はしないわ」と思っていたのです。この場合、潜在意識が現実化するのは、「お金が貯まるはずがない」という思いのほうです。

風水は、本当に効果があると心の底から信じている人の場合は、必ず効果がありま す。でも、Lさんのように、こんなものお遊びみたいなものよ、などと考え、心のどこかで風水をバカにしているような場合は何の効果ももたらしません。それどころか、風水をバカにし、風水でお金が貯まることなどありえないという考えから、かえって金運が遠のいていってしまいます。

要は、お金について、あなたがどれだけ真剣な思いを抱いているかどうか。本当に心の底から、お金を欲しいと思っているかどうかによるのです。本当にお金が欲しいと心底、願っていれば、Iさんの場合のように、必要なお金は潜在意識がちゃんと用意してくれます。

マーフィー博士は、「人は誰でも、いつも必要なだけの富を与えられている」といっています。

そんなことはない。今月もまた赤字だった、といっているあなた。でも、あなたは飢《う》え死にもしていなければ、着るものがなく、裸でいるわけでもありません。いま、あなたは、いまのあなたに必要なものすべてをすでに手にしています。

風水でもお守りでも何でもいいのです。要は、そうしたものにカタチを変えている、あなたの潜在意識に向かって、「より豊かになりたい。より豊かになれますように」と、あなたの願望を放ちましょう。

誰でも豊かになる権利、マーフィー博士はこれを富裕権といっています。私たちは苦しむために、つまり、貧乏になるために生まれてきたのではありません。すべての人が豊かになる権利を持っているのです。

▼不平・不満の人からは、「富裕権」も逃げていきます

年功序列、終身雇用。かつて日本型経営の象徴でもあった雇用体制は、いまや完全に崩れ去ってしまいました。現在の不況はバブルの崩壊が招いたものだと考えられていますが、それだけではありません。社会体制が大きく変わったためだと主張する経済学者も少なくありません。アメリカは典型的な弱肉強食社会。日本もしだいに、ア

メリカ型の競争社会になりつつあります。

創業一五年で社員総数二〇〇〇人という大企業に育て上げたCさんの別名は「鬼のC」。創業当時から、年功序列、終身雇用などの制度は廃してしまい、コイツはダメだなと思う社員は早めに見切りをつけて、首を切ってしまうことで有名でした。

でも、一五年たってみて、しみじみわかったことは、首を切った人間は能力があるかないか以前に、現状に不満ばかり抱く人間だったといっています。

「こんなに働いているのに給料が安いとか、オレばかり損な役回りを引き受けさせられるとか、オレのほうが営業成績はいいのに、なぜ、アイツのほうが先に係長になったのだろうとか……、そんな不満分子は絶対に会社に繁栄をもたらさないし、その人の人生も成功には至らないと思うからです」

不平不満分子は会社に繁栄をもたらさないというのは真実です。マーフィー博士の理論によれば、会社に不満を持つ、つまり、会社にネガティブな態度をとっている人は、自ら会社に背を向け、会社との絆《きずな》を断とうとしていることになるのです。お金との縁でいえば、「給料が安い」「自分は給料以上の仕事をしている。もっともらってもおかしくない」と給料に不満を持っていることは、お金に対してネガティブな姿勢をとっていることにほかならず、マーフィー博士がいう、人間は誰でも生まれながらに持っているという富裕権をマイナス方向に向かわせてしまいます。

最近は、多くの会社が年俸制、能力給システムを取り入れるようになっており、野球選手のように成績が悪ければ給料も下がる、当然といえば当然の仕組みになってきています。富裕権がマイナスに働くということは、数年たつうちに年俸がしだいに下がってくる、つまり、だんだん貧乏になっていってしまうことを意味しています。

会社に肩を叩かれたくない、給料が減るのはイヤだと思うなら、不平、不満を募らせるのではなく、与えられた現状を感謝して受け入れるようにしましょう。たいていの場合、給料分の仕事をしている例は少なく、むしろ、給料をもらいながら、技術を身につけさせてもらったり、得がたい人生経験をさせてもらっている場合がほとんどです。そう考えると、現在もらっている給料も、十分感謝しなければならないくらいです。

だいたい、仕事の評価はスポーツ選手の評価と異なり、数字だけで測れるものではありません。いくら営業成績の数字を上げたり、すぐれた企画を立てることができても、組織内で孤立していたり、周囲と調和できなければ、かえって組織のお荷物になりかねません。ドジで失敗も多いのだけど、ムードメーカーで、彼がいると何となく組織が一つにまとまる、皆がやる気を出して頑張るようになる。組織にとってはこういう人も貴重な戦力なのです。

リストラ要員を決めるときは、まず、不平不満分子からリストアップしていく、とCさんもいっています。

前にも述べましたが、自分の現状を不満だらけととらえる人は、潜在意識の力を封じ込めて生きているのも同然です。自分の現状は十分満たされたものと受容する。これが、潜在意識の無限のパワーをさらにかぎりなく湧かせ、引き出すために必須の行為です。

潜在意識の力を十分、引き出せる人材だけを選別して社員として残すというCさんの人事戦略は、結果的に社員全員の潜在意識の力を全開させ、会社を大きく成長させることにつながりました。

「創業当時、まだ、十分に給料も払えなかった時代にも、不満一ついわずに黙々と働いてくれた社員には、自社株を安く買えるようにしていました。それくらいしか、報いてやることができなかったんです」

Cさんの会社が上場したとき、その株券が驚くような金額に化けたことはいうまでもありません。Cさんの会社の例からも、不平不満は富裕権を遠ざけ、与えられた条件で満足して働いているとしだいに富裕権が働いて、富に恵まれることがわかります。

▼「つきもの」が落ちて、今や不景気知らず、業種もうなぎ登り！

東京の大田区、大阪の東大阪市など、いわゆる小さな町工場が林立している地域があります。かつては、それぞれの地域に数千軒の町工場が林立し、大手メーカーの下請け工場として機能し、日本の製造業の底辺を守っていたものですが、最近は、そうした機能はほとんど中国や東南アジアに移転してしまい、工場地帯には門を閉じたまま二度と明かりがつくことのない工場が虫食いの跡のように散在しています。

Oさんも小さな印刷会社を経営しています。こうしたご時世ですが、Oさんの会社だけは不景気知らず。業績もうなぎ登りです。

工場主仲間に、「何で、お宅ばっかり、景気がいいんだろうね。秘策があったら教えてよ」とよく聞かれるのですが、Oさんにも別段、秘策があるわけではありません。

ただ、Oさんは、自分の工場は規模が小さいからダメだ、と思っていないのです。

ごく自然体で、工場にも大工場と中小工場がある。中小工場は中小工場として、最適の方法を探っていけばよいと考えているだけです。

といって、Oさんの工場経営が順風満帆の中で進んできたわけではありません。Oさんも一〇年ほど前、時代の波をかわし切れなくて極端な経営難に陥り、あるときなど、本気で自殺しかけたほどです。でも、死のうとした瞬間、まるでつきものが落ちたように、Oさんの視界が晴れたのです。Oさんは突然、「小さな工場だからダメなのではなく、小さな工場だからできる仕事を探そう」と発想を転換しました。

このとき、小さな工場だからこそできる仕事を見つければ、自分は必ず成功できるという強い自信も得ました。Oさんは生まれ変わったように、仕事に前向きに取り組むようになりました。

Oさんが着目したのは、誰も気づかないような印刷物です。新聞、雑誌……。こうした誰でも思いつくような印刷物の仕事は大手が取っていってしまうに決まっています。中小ができるのはその下請け。それでは、コストを叩かれるだけです。

誰も着目していない仕事……。毎日、周囲を鵜《う》の目鷹の目で探していたOさんがある日、妻が手にしている野菜を見て、ハッとひらめくものがありました。その野菜は、「ほうれん草……○○農協」印刷された透明紙に包まれているではありませんか。急いで他の野菜も見てみると、「○○産万能ねぎ」など多くの野菜が品名、産地などが印刷された透明紙に包まれていることに気づきました。

現在、Oさんは全国をカバーする各地の農協の八〇パーセントほどと取引があり、沖縄から北海道まで、あらゆるジャンルの農産物の出荷用のパッケージ印刷を引き受けています。果実、花などにも拡大し、仕事は増える一方。あまりにも多品種少量生産であるため、大手の印刷工場は手が伸ばせず、このジャンルの仕事はOさんの工場のほぼ独壇場です。注文が入ると二日後には納品できる速攻性も大いに支持されています。

Oさんに大成功をもたらした一つは、過去の経営失敗の尾を引きずらなかったこと。もう一つは、ある日、突然得たひらめきに素直に従ったことです。

「過去の失敗や失望など心の重みをいつまでも抱えているのは、一日中、重い荷物を背負って、人生を歩んでいるのと同じです。過去の重みを肩から下ろし、身軽になって歩きなさい」。マーフィー博士はこういっています。

過去の体験であっても、あなたがいつまでもそれを肩に担《かつ》いでいるかぎり、その重い体験は現在まで重くしてしまいます。

次に、新しい仕事のニーズを探しているとき、偶然、得たひらめき。これに迷わず従ったことも、Oさんを成功へと導きました。

ひらめきは潜在意識からの啓示です。潜在意識から顕在意識に向かって、メッセージを送った結果、顕在意識がはっきりとそれを認識した……。これがひらめきといわれるものの正体です。

潜在意識の導きに従えば、成功疑いなし。もちろん、少しの疑いもなく、まっすぐな思いで従った場合をいいます。

〝成功した自分〟に導いてもらおう

お金持ちになるために、どんな努力が必要か。マーフィー博士は次のような秘策も発見しています。

「富と成功が欲しいと思うなら、次のことを実行してみなさい。一日数回、五分でい

いから、『富、成功』という言葉を自分の内側に向かっていい放つのです。言葉には大きな力があり、これを続けているとやがて、言葉の本質に応じた状態や環境があなたのものになっていきます。潜在意識にしっかりと刻印したことは、言葉の力によってどんどん拡大することができます」

また、博士はこんな方法も勧めています。

一日に五分間でいいから、自分がお金持ち、成功者になったつもりで振る舞ってみるという方法です。

Nさんは三〇代の元ビジネスマン。勤めていた会社がリストラ計画を発表。早期退職者には、退職金を割り増しして支払うといい出し、これはチャンスだと真っ先に手を挙げ、退職しました。自分ほどの実績があれば就職先などすぐに見つかると踏んだからです。

ところが実際に職探しを始めてみると、景気は想像以上の冷え込みで、出来高払いの営業職がたった一つ見つかっただけ。そこも、マルチ商法まがいのことをしているとわかり、すぐに辞めてしまいました。

奥さんはパートを始めたので、日中、家に一人でいるとどんどん気持ちが落ち込んできます。そこでNさんは気分を切り替えようと、毎日、手持ちの中でいちばんよい服を着て、都内の最高級ホテルのロビーで一時間ほど過ごすことにしたのです。手には経済新聞を持って。いくら最高級でもホテルのロビーは無料です。

そこで、経済新聞をじっくりと読んでいるうちに、やがてNさんは、すっかり成功した自分の姿を思い浮かべるようになり、想像の上で、成功したNさんと現在のNさんが、新聞に掲載されていたさまざまな経済ニュースについて、盛んに討論するようになりました。この想像上の討論は、成功者、お金持ちはどんな視点でものを見ているかを、失職中のNさんにしっかりと教え込む結果になりました。

現在、Nさんは投資コンサルタントとして敏腕を発揮。つい先日も、外資系の会社から、高い報酬でヘッドハンティングの話が舞い込んだところです。

成功した自分のイメージに人生をリードしてもらうNさんの方法は、詩人ゲーテも採用していた方法です。**ゲーテは、「自分の友人が一人、目の前の椅子に座って、自分に正しい答えを与えてくれるのを想像するのを習慣にしていた」と書き残しています。**

Nさんは、成功した自分を思い浮かべられるようになったばかりか、将来の成功した自分から、貴重な導きを得たのです。自分が豊かになれると信じきることができれば、Nさんのようなドラマはあなたの上にも必ず、訪れます。

信じ切る心は、人生の奇跡の源泉です。

▼この〝お金の手放し方〟で、使った以上にお金が入ってくる!

敬虔なカソリック信者で知られる作家の曾野綾子さんが、日本財団の会長職を引き受けたとき、世間には意外だという声があがりました。日本財団は、競艇の利潤の一部で社会福祉活動をするための組織。ギャンブルとキリスト教の精神は相いれないものというのが世間一般の見方でした。しかし、曾野さんはこう語っています。

「聖書にも、〝不正な富を利用して友人をつくりなさい〟という一節があります。この言葉の真意は、途中、どんな経路を経てきたお金もお金である。そのお金を正しく使って友達をつくれば、そのお金は本当に生きて使われたということになる、ということなんです」

競艇で得たお金であろうと、何でつくったお金であろうと、お金はお金です。そのお金を使って、障害者や高齢者施設などの建設、発展途上国へ援助活動などをどんどんやればいい。會野さんの考え方は明快です。

しかも、會野さんは無給であることを条件に、会長職を引き受けたのです。

こうした生き方も、お金に対する心の姿勢を教えて余りあるものがあります。

マーフィー博士は、真の富者になるには、お金を上手に使える人間にならなければならないともいっています。一見、矛盾するようですが、これは真理です。

最近の人は、カーネギーホールは知っていても、カーネギーがどんな人であったか、知る人は稀になっています。

カーネギーはアメリカの基幹産業の一つである鉄鋼業で大成功した人です。五〇歳までは仕事、仕事。さらには富を蓄えることだけ。貯まりに貯まった富を使う時間などない暮らしを続けました。しかし、カーネギーに、親族が次々死んだり、自分が病気になるという不運が襲ってきました。

このとき、カーネギーがとった行動は思いがけないものでした。すでに世界一に育て上げた会社を売り払い、三億五〇〇〇万ドルというお金を惜しげもなく社会事業に寄付してしまったのです。

「教育改良財団」「国際平和基金」「カーネギー研究所」「カーネギー財団」などの社会事業推進の財団をいくつも設立。他に、二八〇〇を超える図書館、美術館、音楽堂などもつくりました。

同時に、五〇歳を超えて初めて妻をめとり、妻と二人で世界各国を旅し、おだやかな日々を送るようになりました。全財産を社会事業に使った後も株式の配当などで、十分すぎるお金が入り、カーネギーは生涯、お金に困ることはありませんでした。

カーネギーの晩年がこれほど幸せに満たされたのは、ひとたび手にした富を惜しげもなく手放す勇気を持っていたためです。

お金は天下の回りものといいます。人のために使ったお金は必ず、自分の手元に返ってくるのです。

もう一度、繰り返しますが、お金は人生において大事なものです。でも、いくら大事だからといって、それを握りしめていてはいけません。握りしめる気持ちには必ず、せっかく手にしたお金が減ってしまうのはイヤだ。人に取られては大変……といったネガティブな心が潜んでいます。

カーネギーのように全財産を手放せ、とはいいません。でも、手元にあるお金の一部でも人のために快く手放すことができる人……。こういう人は、必ず、使ったお金以上の富を手にします。

フランスの思想家ジャンフォールも、「金は金が生み出し、富は富が生み出す。成功は成功をもたらす」といっています。

5章

あなたの「恋愛力」は格段にアップする！

あなた自身が〝恋の磁場〟になる！

来年はとうとう三〇代の大台に乗ってしまう。焦りまくったKさんはほとんど週イチで合コンに顔を出し、何とか結婚相手を見つけようと躍起《やっき》になっていました。数年前のことです。

結婚は人生のすべてを決めてしまうもの。そう考えていたKさんの求める結婚相手像は、カタカナ商売などかっこいい仕事、そしてルックスもいい人、この条件はけっして譲れないと思い込んでいました。

こうした傾向は、Kさんにかぎったものではないようです。ある雑誌に掲載されていた、最近の女性の理想の恋人像、夫像の調査結果では、「友達が見たときに、羨ましいと思われるような人」という答えがトップを占めていました。当然、最重要となる条件は見た目。誰の目にも、まず、ダイレクトにその価値が伝わるからだそうです。

Kさんは念願かなって、メディアプロデューサーと名乗る男性とラブラブになり、憧れのジューンブライドになりました。彼は男性モデルにしてもおかしくない、いい男でした。結婚式は二人だけで、南国ムード漂うロタ島で……といえば聞こえはいいのですが、ルックスがいいだけで薄っぺらな男に、Kさんの父がまず大反対し、男性のほうの両親は、もう息子のことなどどうでもいいという雰囲気だったというのが本当のところ。親がどうでもいいと思うような結婚でしたから、二人きりで形ばかりの式を挙げるほかはなかったのです。

その後、Kさんにもようやく彼の正体が見えてきました。彼は中学生のころからモテモテで、そのために人生には努力が必要だということを一切身につける機会がないままに成人してしまったような男でした。Kさんと知り合ったころも、メディアプロデューサーとは名ばかり。実態はお金がなくなるとホストクラブで働き、アブク銭を得ていたのです。

Kさんに対する愛情もほとんどなく、それでも彼が結婚に踏み切ったのは、彼の中にもそろそろ潮時、この辺でまともな生活を取り戻したいという気持ちがあったためでした。

しかし、彼は地道に働くことを知らず、結局、生活はKさんの肩にのしかかり、Kさんは生まれたばかりの赤ちゃんを抱えて、派遣社員の口を片っ端からこなす生活を余儀なくされました。

ついに、彼に見切りをつけ、子供を連れて家を出たKさんは、もう、浮わついた人生を夢見る愚かさからは完全に卒業し、現在では、将来はもっと自分を生かした仕事をしようと、社会福祉士の資格を取るために通信教育を受けています。

最初は、それ見たことか、とKさんの結婚の破綻《はたん》を酒のサカナにしていた友人たちも、最近の真剣なKさんの生き方には心から敬意を表するようになり、なにくれとなくバックアップしています。

そんな中の一人、元会社の同僚が、ひたむきに生きるKさんに真剣な思いを抱くようになり、つい先日、思い切ってKさんに「一生、君のそばにいたい」と熱い思いを打ち明けたばかりです。

Kさん自身、自分自身の生き方を見出したころから、内側からにじみ出るような魅力をたたえるようになり、自然に恋の磁場が形成されていったのです。

一度も合コンに足を運ぶことなく、すばらしい結婚相手が現れたのは、Kさん自身がいつのまにか身につけていた、この恋の磁場のためです。

▼パートナーは〝人生の共同経営者〟、愛情だけではやっていけない

彼は平凡な事務系の会社員。はっきりいって、ルックスは平均点を満たしていないかもしれません。でも、おそらく、今度の結婚は、Kさんに本当の幸せをもたらしてくれると確信できます。

彼はKさんの、自分の人生を自分の足で生きたいという考え方を完全に理解し、それをバックアップしたいと考えています。そうした理解ができるのは、実は彼自身も、ひそかに自分自身のスキルを磨き上げる勉強を続けているからです。必ずしも転職を目指しているわけではなく、スキルがあれば、いまの会社にいても、転職するような場合も、自分が進みたい方向に進みやすいと考えてのことだといいます。

結婚相手は人生の共同経営者だということができる。これは有名なマーフィーの言葉です。ただ円満なだけ、愛し合っているだけでは十分ではありません。夫婦、それぞれが共に、人間として成長していけるような関係。これが理想の夫婦のあり方です。

共に成長していけるといっても、夫も妻も仕事を持ち、それぞれが出世するとか、

より高い給料を取るようになることを意味しているわけではありません。そうした形で理想を実現する夫婦ももちろんあるでしょう。

また一方で、夫は外で働き、妻は家庭をしっかり守る。こうした生き方で、二人ともども、成長することもあります。

昭和三三年（一九五八）一二月二三日、完成・披露された東京タワーは、当時としては世界一高い鉄塔でした。大型クレーンもなく、鉄材を組み立てて、地上三三三メートルの塔を完成したのは、命知らずの鳶《とび》職人と、彼らを監督するまだ若い建築会社の社員だったリーダーの力の結集でした。地上から数十メートルも上がると、そこには地上では想像もつかないような強風が吹き荒れ、足場は大きくぐらつきます。一瞬でも足をすべらせたら、命はありません。

この命懸けの難工事を完成した鳶の若頭《わかがしら》と、現場リーダーは二人とも独身の男性。でも、二人の心にはそれぞれ、すでに生涯の伴侶《はんりょ》と決めた女性がおり、この塔の完成後、結婚式を挙げる約束になっていました。

二人の妻は、結婚後もいくつもの工事現場を渡り歩く夫に従って、家庭をしっかり守り、子供を育て上げ、いまは夫婦そろってにこやかな顔で、いい人生だったとテレビカメラに向かって語っています。

「オレは幸せもんだね。好きな仕事をして、オレにとっていい女を女房にしてさ。別に世間から見たら、どうってことねぇだろうけど、オレにとっては最高の人生さ」と鳶頭の言葉。奥さんもそばで「まあ、いい人生だったと思ってますよ」と目を細めます。

現代では珍しくなってしまった夫婦の生き方ですが、マーフィー博士のいう、理想の夫婦像にはこんな夫婦も入っています。

こうした妻は、専業主婦であっても、夫を通して社会的に立派な仕事をしたのと同じだといえます。

二人がつねに同じ方向を向き、同じ生きがいを持っているならば、二人は理想の夫婦だといえます。理想を現実のものにしているならば、二人の結びつきはよりいっそう強くなり、生まれたときは互いに見知らぬ男と女が、次の世もまた、一緒に人生を歩みたいというような間柄に高められていくのです。

▼"チャンス"をつくり続ける心の持ち方とは

最近は、男女とも、三〇代後半、いや四〇代に入っても、結婚しない人が増えています。

男女同一賃金ですから、女性であっても、会社勤めをしていれば食べるのには不自由しませんし、親元にいれば家賃もいらず、ブランド品も手に入ります。食事の支度から掃除、洗濯などの家事まで、身の回りのことをほとんど親にやってもらっている人も珍しくありません。

男性も、結婚しなければ生活を支える責任もなく、スノボーだ、ダイビングだと人生を思うままエンジョイできます。つきあっている相手がいれば、適当にセックスライフも楽しめます。

どうも、最近の結婚しない症候群の背景には、できるだけお気楽に生きていきたいという、そんな思いが透《す》けて見えてきます。

結婚が人生のすべてではありませんが、結婚は男性と女性の二つの心と体が結びつき、それぞれがいっそう高め合いながら、助け合い、支え合って暮らす、ごく自然の姿です。多くの場合、その結果、新しい生命の誕生という、すばらしい結実を得ることにもつながります。

社会的に一人前といわれる年齢に達し、経済的にも自立できる仕事をしていながら、そのほうがずっと楽だからという理由でパラサイトを続けているようなら、そんな生き方をしている以上、あなたの前に生涯のパートナーが現れるとは思えません。

よく考えてください。そのほうが楽だから、という心の奥底には、「結婚は面倒くさい」「結婚はわずらわしい」「結婚は責任が生じるからイヤ」と、結婚に対してネガティブな考えがあることを示しています。

マーフィー博士のいう牽引の法則どおり、ネガティブな思いは必ずネガティブな結果を引き寄せてしまいます。

結婚を、もっと前向きな思いで見ることです。前向きな思いは必ず、よい結果を引き寄せます。前向きな姿勢でいるかぎり、あなたはいつか、生涯最高のパートナーと巡り合います。

▼ある日突然、ピタッと酒をやめた夫の劇的変化！

印刷会社の営業マンの話です。彼は二八歳。この若さで、すでに二度の離婚歴があります。長く続いたほうの結婚生活で一年八カ月。

彼の場合はちょっと極端なケースかもしれませんが、最近は離婚も「バツイチ」「バツ二」と表現するようになり、その表現のためというわけではないのでしょうが、ずいぶん、軽い印象になっています。

もちろん、離婚を罪悪視する必要もなければ、結婚に失敗したからといって、人生がそこでストップしてしまうわけではありません。お互いの心が通じ合わなくなり、二人の間に調和、誠実さ、やさしさ、思いやり……、要するに、愛情が感じられなくなってしまった結婚生活ならば、それを続けるほうが、人生にはマイナスだと思います。

結婚してすぐに別れることを、一概にいけないというわけでもありません。

ただ、あまりにも簡単に離婚を選び、「私、バツイチになっちゃったの」とあっけらかんといい放つ最近の傾向には、違和感を感じます。

マーフィー博士がよく講演で話していた、こんな話があります。

その女性の夫はアル中で、酔っぱらうとしばしば彼女に暴力をふるいます。そんなことから、しだいに女性は夫を見ると嫌悪感を持つようになり、もう、離婚するほかはないと、マーフィー博士のところに相談にきたのです。

マーフィー博士はキリスト教の牧師という、もう一つの顔を持っていたことはよく知られています。神の前で交わした結婚の誓いを簡単に破ることには、一般的に抵抗があるのが普通です。しかし、マーフィー博士は牧師という立場でありながら、本当に離婚したいと心底願うのなら、離婚するほうが正しい生き方だという考え方の持ち主でした。

しかし、この女性に対してマーフィー博士が示したのは、理想の夫の姿を現在の夫の上に重ねてイメージするという方法でした。

彼女はマーフィーの教えに素直に従い、夫が暴力をふるうたびに、それに耐えながら、心の中で夫にやさしくいたわられている様子をイメージしていました。夜、寝るときも、これまでのように「もう、こんな生活はイヤ！」と心の中で叫びながら寝るのではなく、やさしくおだやかな、それでいて男らしく堂々と家族を守る夫の姿を瞼《まぶた》の裏に思い浮かべながら、眠りに入るようになりました。

それから数カ月たったころです。なぜか、ある日突然、夫が「もう、酒はやめることにした」といい出しました。彼女は、一言もお酒をやめてほしいといったわけではないのです。でも、それ以後、彼はピタッとお酒を飲まなくなりました。当然、酒乱もおさまり、暴力をふるうこともなくなりました。

それどころか、彼女が毎晩、脳裏に描いていたとおり、夫はやさしくおだやかでありながら、力強く家族を守る、理想の男性に変わっていったのです。

だいぶたってから、「どんな心境の変化だったの？」と彼女が聞いてみたところ、なぜ、そう思うようになったのか、夫にもよくわからなかったそうです。「でも、本当に、もう酒はいいや、と思ったんだよ」。

彼女の真剣な願いが潜在意識の力を動かし、夫にも働きかけたことは明白です。

離婚したいと思ったら、一度、彼女のように、目の前の夫が自分にとっていちばん望ましい姿になったところを想像する習慣をつけてみましょう。男性の場合も同様です。気に入らない妻なら、その妻がこうあってほしいという様子をイメージに浮かべるのです。

潜在意識の力が、必ず、相手を理想のパートナーに変えてしまうはずです。

離婚に踏み切る前に潜在意識の力を活用する。それにより、あなたは本当の理想の相手を、いまの夫や妻に見出すようになるかもしれません。

▼「不倫」が不倫でなくなる〝愛〟もある

Sさんは三二歳。百貨店の婦人靴売り場で仕事をしています。仕入れを任されるバイヤーとしてなかなか優秀な仕事ぶりで、周囲との人間関係もよく、仕事は絶好調というところです。

しかし、Sさんは二年ほど前から、元上司だった四〇代の男性とひそかな交際を続けており、最近、その交際が暗礁に乗り上げて、内心はボロボロです。彼の態度が妙によそよそしく感じられるようになってきてしまったのです。

Sさんは二〇代のときも、仕入れ先のメーカーの担当者と不倫していたことがありました。その恋は結局は実らず、彼は妻のもとに帰っていきました。

今度の不倫も、同じような結果に終わるのではないか。Sさんはそんな不安に駆られながら、不倫の恋を続けています。

結論からいえば、Sさんの恋は今度も実らないでしょう。つねに不安を抱えている恋、ネガティブな思いを抱えている恋は、そのとおりの結果になってしまうものだからです。

Mさんも長いこと、上司にあたる男性と不倫の関係にありました。上司は妻も愛していればMさんも愛している。一見、いい加減な男のようですが、彼は彼なりに真剣でした。

Mさんは、彼に家庭があることは承知の上の恋。二人の出会いが遅かったのだから、仕方がない。結婚は望んでいません。

「彼の家庭を壊してまで、結婚しようとは思わない。彼の奥さんが涙を流せば、私も幸せにはなれない……」。これがMさんの考え方で、どんなことがあっても自分と彼の関係を奥さんに知られてはならないと、自分の言動に絶えず気を使い続けていました。しかし、内面では、心底彼を愛していることに誇りを持ち、堂々と前向きに彼を愛しました。

半年前、彼の奥さんが突然、体調を崩し、たった三カ月で亡くなってしまいました。急性白血病でした。奥さんは夫に心から感謝をし、幸せにあの世に旅立ちました。

Mさんは、奥さんの一周忌が明けたころ、彼と結婚することになっています。

結婚を望んでいなかったMさんに結婚する運命が訪れたのはなぜか。マーフィー博士の法則によれば、望んだことはかなうけれど、望まないことはかなわないはずではなかったかと。

しかし、無限の力は、Mさんの心の奥底に潜んでいた真の願望を見逃すことはなかったのです。彼女は心の奥底では愛する彼と結ばれることを願いながら、その強い願望を理性でコントロールし、その願望が暴走することがないようにコントロールしていたのです。

SさんとMさん。二つの不倫のケースの明暗を分けたのは、不倫の恋の底に、真の愛情が潜んでいたかどうか、の違いです。不倫というだけで罪悪と決めつけることはありません。どこか、後ろめたい気持ち、罪の意識を持っているなら、そんな不倫はすぐさまやめることです。

Sさんが幸せな結婚を望んでいるなら、他人の妻の泣き顔を見たいというような恋愛にはいますぐ終止符を打ち、そのかわりに、毎日、自分が理想としている結婚の姿をイメージしながら、自分の内奥に向かって、「私はいま、私にとって最高に理想的な男性を引きつけつつあります。彼と私は、やがて結婚することになります」と祈るようにつぶやく習慣をつける……。そうしているうちに、Sさんは、必ず、理想の結婚相手と巡り合うはずです。

潜在意識に強く願ったことは必ず実現する。マーフィー博士のこの法則に、例外はありません。

◤どうにも我慢のならない姑が、理想的な姑になった!

親が都内の閑静な住宅地に二世代住宅を建ててくれる。そこに住めば家賃はいらない。週末はほとんど親持ちで、ご馳走になれる。子供が生まれても、姑が気軽に預かってくれる……。

結婚前にこう聞いたとき、Tさんは、恵まれた結婚ができることに、思わず、神に感謝したくらいです。

　ところが、結婚後三カ月もすると、しみじみ、こんな話に乗ってしまった自分を責めるようになってしまいました。姑は専業主婦。子育ても完了し、ありていにいえば、暇をもてあます日々。関心はいやでも、かわいい息子の嫁のTさんに集中します。

　玄関も別、何もかも別。といっても緊急の場合に備えて、二階の息子宅に通じる非常階段を設けてあるのですが、その階段の鍵はいつも開けっぱなし。姑は好きなときに勝手に二階に上がり込み、あれこれ詮索していくのです。

　子供が生まれてからはそれがいっそう激しくなり、プライバシーゼロの生活に、Tさんは姑に憎しみさえ感じ始め、姑のことを思い浮かべるだけでノイローゼになりそうでした。

　そんなある日、Tさんはたまたま、夫のNさんが愛読しているマーフィー博士の本を手に取る機会があり、気に入らない夫を潜在意識の無限の力を借りて、理想の夫に変えてしまったという話を読みました。

　そこで、Tさんもさっそく、この方法を姑に試してみようと思い立ったのです。その方法とは、毎日、まず、静かに座り、自分の心の奥底を見つめながら、「私には無限の潜在意識の力が備わっている」と言葉に出していい、その後、「私の姑はすばらしい姑です。すでに息子が自立したことを受け止め、息子とその妻が築く新しい家庭を一定の距離から、大いなる愛で見守ってくれます。姑は日々、その愛を深めています」と続けていうというものです。

この方法を続けているうちに、Tさんに不思議な変化が訪れました。これまで、あれほどうっとうしいと思っていた姑の二階への来訪が、それほどイヤではなくなったのです。「お菓子を頂いたのでおすそわけ」「かわいいお洋服を見つけたので、赤ちゃんにどうかと思って」「これからスーパーに行くけれど、何かついでに買ってくるものない？」。

たしかに頻繁に二階の息子とTさんの家に顔を出しますが、その底には息子夫婦への愛情がにじみ出ていることがわかります。

それどころか、赤ん坊を抱えたTさんにとって、姑の援軍は大いに助かることばかりなのです。

さらに不思議なことに、それからしばらくすると、姑は新しく始めた絵手紙に夢中になり、二階への来訪がガクンと減ってきたのです。かといって、Tさんが何かお願いすれば、快く応じてくれます。いつのまにか、理想の姑に変貌を遂げてしまったのです。

潜在意識が願望をかなえてくれた。たしかにそれもあります。同時に、潜在意識を見つめることは、自分のありのままの姿を鏡に映して見ることにも通じます。

毎日、潜在意識を見つめる習慣を身につけたTさんには、自分の言い分があまりにも自分本意で一方的であることにも気づくようになったのです。

潜在意識と対峙する習慣は、こうして、自分のわがままを抑える結果にもつながり、たいていの人間関係のトラブルを解決できるようになります。

▼恋が始まる〝偶然〟も、実は〝必然〟なのです

昔ほどうるさくはいわなくなりましたが、それでも「もう、三〇歳にもなったのだから、いい加減に結婚しないと」などと親や親戚から口うるさくいわれて、うんざりしている人も少なくないかもしれません。

非婚、晩婚傾向は男性にも著しく、ある調査によると、都会に住む四〇代男性の三人に一人は「シングル」だそうです。郊外に行けば結婚率が高まるかといえば、そう

でもなく、農家の嫁不足はいまも少しも改善していません。

前にもいったように、人間は必ずしも結婚しなければならないという枠にはまった考え方にしばられる必要はありません。生涯独身でも、すばらしい人生を送る人はいくらでもあります。

結婚適齢期という言葉を持ち出すと、まるで時代遅れだといわんばかりの目を向ける人があります。でも、昔からの社会的習慣や言い伝えには多くの知恵や経験が含まれていることが多いのですから、無理やりそれを無視するのではなく、素直に耳を傾ける姿勢を持つことも大切です。

子供を得たいという望みに関しては、中でも女性には年齢制限があります。これは生物的な宿命で、いまのところ、無限に延長することはできません。

しかし、あなたの中に潜む潜在意識の無限の力は、あなたがこうしたいと望むままの人生を用意してくれます。

あなたが、愛する人と結ばれ、子供も得たいと心底願っているならば、潜在意識はあなたにきちんと、そうした人生を実現してくれます。

Nさんは大の子供好き。いつかわが子とキャッチボールをするのが夢、ということを口グセのようにいっていました。しかし、心の底からこの人と一緒に人生を歩みたいと思う女性と出会うことがないまま、年齢を重ねてしまい、ついに五〇代に突入してしまいました。「もう、結婚は諦めた」と思い始めたころ、Nさんはあるパーティーで名刺を交わした女性と偶然、帰りの電車の中で再開し、二人とも同じ駅で降りるところに住んでいることがわかりました。

こんな偶然から交際が始まり、なんと二カ月後には二人は結婚することに。彼女は離婚歴があり、一〇歳になる男の子を一人で育てていました。こうして結婚と同時にNさんは、子供とキャッチボールをするという夢を実現してしまいました。

Nさんと奥さんの間にも元気な男の子が生まれました。数年後には、お兄ちゃんと三人で、野球を楽しむ姿が見られることになるでしょう。

▼嫉妬と愛はまったくの〝別もの〟です

いくら愛し合って結婚したといっても、Iさん夫婦の場合はちょっとおかしい、と会社中の評判になっています。一時間おきぐらいに奥さんのハートマークつきのメールがケータイに入り、どうやら彼もその都度、返信メールを打っている様子。見かねた同僚が、冗談交じりに、「ラブラブすぎて、まわりはたまらないよ」とやんわりと忠告したのですが、Ｉさんには通じず、真顔でのろけられてしまいました。

「彼女は、ぼくが浮気するんじゃないかと心配でたまらないというんだ」

Ｉさんの奥さんに知っておいてほしいのは、浮気をするんじゃないかと心配すればするほど、かえって夫を浮気に追い込んでしまうということです。

浮気をされるのではないかと恐れを抱いているということは、裏を返せば、自分はそれほど愛されていないと考えていることとイコールになります。

もし、本当に夫を愛し、夫に愛されていると思っているならば、相手が浮気をするのでは、と疑う気持ちなど毛頭浮かばないはずです。朝、家を出てから、ふたたび家に帰ってくるまで、一度もケータイなど鳴らす必要もありません。

恋人同士についても同じこと。年中、ケータイメールで連絡を取り合っていなければ不安だと思うような恋は、本当に愛し合っているとはいえないでしょう。

嫉妬について、もう一つ、つけ加えておきたいことがあります。

よく、恋人や配偶者に対して嫉妬の思いを抑えられない人があります。彼ら、彼女らは決まって、「愛しているから嫉妬するんだ」「嫉妬するのは愛している証拠だ」といいます。

これは、あまりにも自分本意です。嫉妬の裏側にあるのは相手に対する愛情ではなく、「ひょっとしたら愛されていないのでは？」「自分より、もっと彼女（彼）にふさわしい相手がいるのではないか」という自信のなさです。

逆にいえば、嫉妬心がある間は、本当に愛している、愛されていると実感していないといえるのです。

真の愛とは、お互いを本当に信頼できることです。現在では、ケータイやメールがあるため、何日も連絡を取り合わないことなど考えられないかもしれませんが、昔は「便りがないのは無事の知らせ」という言葉もあったほどで、とりたてて何事かがなければ、連絡を取り合うことはありませんでした。

ちょっとでも連絡がないと、自分はもう愛されていないんじゃないかと気もそぞろになる人は、浮気をするのじゃないかと絶えず心配するIさんの奥さん同様、彼の（彼女の）心が離れていってほしいと願っているのと同じ結果になってしまいます。

本当に愛し合っている二人なら、自分の中に相手があり、相手の心の中にも自分が存在しています。したがって、体は別々のところにあっても、心は一つに融合し、つねに一緒にいると感じられるはずです。

真の愛で結ばれていれば寂しいと感じたり、不安に陥ることもありません。あるのはつねに相手に満たされ、相手に支えられているたしかな感覚です。そうした感覚にひたっているときは、あなたもまた相手を満たし、相手をしっかり支えているはずです。

互いの「価値観の一致」以上に大切なこと

最近、三年間の結婚生活を解消したEさんは、離婚にいたった理由をこう述べています。

「とにかく、まったく価値観が一致しなかったんだ。ぼくが美しいと思うものを彼女も美しいと思ってくれなければ、一緒に生活をしていくことはできないでしょう」

Eさんの論理でいえば、ラーメンが好きだという人と、フランス料理が好きだという人は一緒に暮らせない、ということになってしまいます。

最近、価値観という言葉が流行《はや》り、価値観が一致するとか、価値観が一致しないといえば、それがすべてを物語るように考えている人が増えています。

しかし、マーフィー博士によれば、よい人間関係を育むのに、価値観の相違など問題ではありません。マーフィー博士はよい人間関係を育むただ一つの秘訣は、「お互いのよいところを認め合い、ほめ合うことだ」といっています。

価値観とはいったい何でしょう。何をいいと思い、何を悪いと思うか。何が好きで、何が嫌いか。要するに価値軸のことで、これは絶対的なものではない場合がほとんどです。

ある女性は、一流会社の社長の令嬢に生まれ、子供のころから、一流ホテルや料亭の食事しか口にしないような環境で育ちました。しかし、彼女の心をとらえた男性は、大学を中退して青年海外協力隊に身を投じ、発展途上国の援助活動に青春を捧げるような男性でした。協力隊の任務を終えてからは、海外支援のＮＰＯに就職し、やはり発展途上国を駆け回っていました。彼との結婚生活を通して、彼女は、粗末な衣服を着て、質素な食事をしていても満たされた生活があることを知りました。

数年後、彼女の父の全幅の信頼を得た彼は、今度は義父の後継者としてビジネス界に身を置くようになり、年代物のワインや本物のオペラ鑑賞にひたるような生活を送るようになりました。いまや彼は、本物の世界が持つ、深淵でかぎりなく豊潤な味わいを知るようになっています。

この結婚は、二人の持つ価値観を融合させ、より深く、より幅広く、より豊潤な価値観を共有する夫婦を誕生させました。

結婚はもともと、違った環境で何年も育った二人が出会い、結ばれるのですから、もともと価値観が完全に一致するわけなどないのです。肝心なのは相手の価値観を否定しようとせず、それを評価し、自分にそれを受け入れる気持ちがあるかどうかです。

お互いの価値観を受け入れ合えば、二人の世界はそれだけ広がり、深まります。

このケースでは、彼女は彼が行くところに嫌がらずについていき、現地の貧しい食事も拒絶することなく、「珍しい」「おもしろい」「あなたと食べれば何でもおいしい」とすべて前向きで受け入れたのです。彼もまた、一流ビジネスマンに要求される生活を「堅苦しい」とか「見栄と虚飾に満ちている」などと否定することなく、「やはり一流のものには一流の格と品位がある」と率直に認めたのです。さらに、こうして二人は異なった価値観を見事に融合させ、融合させる行為を通じて、それぞれの人間性をいっそう深く磨き上げていきました。

よい結婚をした夫婦は、長い年月、一緒に暮らしている間に、親子や兄弟以上に価値観が一致し、考え方も好みも生活態度も同じようになってきます。雰囲気が似てくるからか、気がつくと顔までそっくりになってしまった……。似た者夫婦というのはそんな夫婦をいうのでしょう。

マーフィー博士はこんなふうにいっています。

「よい夫婦になるには、お互いのよいところにだけ目を向け、よいところだけ受け入れるようにしなさい。イヤなところ、嫌いな部分は目にとめなければいいのです。お互いの持つ世界のよいところだけに目を向ける。こうした心の態度が習慣になれば、あなたの結婚は理想的な関係に育っていくはずです」

夫婦はクズ拾いであってはならない。これもマーフィー博士の言葉です。

〝依存症〟をやめた途端に難問が解決！

Hさんは、自分に退職勧告が突きつけられた日のことをいまでも信じられません。

「同期の中で成績もトップクラスを走っていたのに、なぜ、オレなのか！」

会社はHさんの能力をきちんと評価しており、Hさんなら他の会社でも十分通用すると考えた上でのリストラ勧告でした。新しい就職先も用意してあったのですが、「リストラされた！」と思い込んで心を閉ざしてしまったHさんは、小規模ながら将来有望なその就職先も断ってしまうと、自宅に引きこもるようになってしまいました。誰が見ても、ウツの症状そのものでした。

奥さんも奥さんで、結婚以来、専業主婦を続けてきた苦労知らずといえばそれまでですが、毎日、夫の顔を見るたびに「これからいったい、どうなっちゃうの。貯金もそうたくさんはないのよ。雇用保険が切れる前に絶対、就職先を見つけてね。一家の主なんだから、責任は取ってね」と夫を責め立てるばかりです。

しだいにHさんは妻の顔を見るのもイヤになり、妻のほうも、しおたれた表情で自宅にいる冴えない夫に、この先の人生をかけるのはまっぴらだという気持ちになってきてしまいました。

二人は離婚するほかはないと考えるようになり、夫の親友のところに離婚の報告に行きました。

ところが、その親友から見ると、二人はお互いに相手を認め合いたい気持ちでいっぱいであることが見て取れました。相手に対する期待が大きいからこそ、不器用に責め合ってしまうという皮肉な結果になってしまっているのです。

二人を交際時代からよく知っている親友は、わざと、若くアツアツなころの二人の思い出話を次々と続けました。そのうちに二人も、幸せだったころを思い出し、離婚の相談に来たことがウソのように、お互いのよいところを口にするようになりました。

親友は、二人にもう一度、お互いのよいところを見つめ合い、認め合ってみては、と勧めました。そして奥さんに、「いま、Hがいちばん必要としているのはあなたの励ましであり、支えでしょう。奥さん以外にHを救ってあげられる人はいないと思います」とかんで含めるように話したのです。

若いころの思い出にひたるうちに、奥さんも、結婚する前は自分も仕事をして、二人で人生を拓《ひろ》いていこうと考えていたことを思い出しました。子育てに追われるうちに、すっかり夫に依存するだけの人間になってしまったことをしみじみ反省したりもしました。

こうして、家に帰ったその夜から、二人は親友に教えられた「人生を自分の力で変える方法」を試し始めました。二人で寝室のベッドに座り、自分の中に眠っている偉大な力に向かって瞑想するのです。頭の中は真っ白。特に何を考えているわけではありません。特別なイメージを浮かべているわけでもありません。

しかし、瞑想しているうちに、突然、どこからか、リアルなイメージが浮かんできて、勝手に動き出すようになり、さらに、そのイメージが夢に現れるようになってきました。

「昨日、いい就職先が見つかった夢を見たよ」「きっと、その夢は正夢《まさゆめ》よ。あなたには実力があるんですもの。その実力を認めてくれる人はきっとあるはずよ」

それから二日後、Hさんはリストラされた企業の元上司に呼び出されました。会社に行くと、元上司の知り合いから、Hさんのような経験の持ち主を紹介してほしいと頼まれている。行ってみる気はないか、という打診でした。

このころのHさんはウツからすっかり脱却し、与えられたチャンスには前向きに応じてみようという積極的な気持ちを持てるようになっていました。

現在ではHさんは、自分の経験をフルに生かせる新しい仕事に就き、前よりもよい待遇を受けています。奥さんは「やっぱり、あなたは評価されると思っていたわ」と毎日、夫をさりげなくほめ、最高の気分で送り出すようになりました。

夫を最高の気分で送り出すと、自分まで最高の気分になることにも気づくようになり、Hさん夫婦は一度は離婚を決意したことなどウソのように、新婚当時にも負けないほどの深い愛情を感じ合う日々を取り戻すことに成功しました。

瞑想と祈り、そしてお互いへの感謝と愛情。Hさん夫婦は幸せな結婚生活に必要なすべてを思い出し、ふたたび手に入れることにより、いまでは理想の夫婦の道をまっすぐ進み始めたのです。

その道は、どの夫婦の前にも用意されています。その道に気づき、その道を進もうとするかどうか。よい夫婦になれるかどうか。鍵はそれだけです。

6章

これが、願ってもない「成功へのスタミナ源」！

ここに「価値」を見出せるかどうかが分かれ道！

平成一四年一二月、ノーベル化学賞を受賞して、一躍、新しい日本のヒーローとなった田中耕一さん。彼がヒーローになった大きな理由は、癒し系の人柄もありましたが、それ以上に、彼の大発明が実は失敗をきっかけに見出されたということでした。田中さんの受賞理由は「生体高分子の同定および構造分析のための手法の開発」というものでした。生体高分子、平たくいうと、たんぱく質の質量分析法のため「脱離イオン化法」を開発したということだそうです。

こう聞いても、素人には何のことかさっぱりわかりませんが、その大発見のきっかけが実験中、普通なら絶対に混ぜ合わせてはいけない金属粒子とグリセリンを間違って混ぜ合わせてしまったところ、奇妙な反応をしていることに気がついた。そこから、さらにその溶液を研究した結果、という経緯は何となくわかります。

田中さんにいわせれば、誤ってつくってしまった溶液を「間違えた上に捨ててしまうのは〝もったいない〟と思って使ってみたのがよかった」ということだそうです。

人は毎日、何かしら失敗をしています。ところが中には、一度でも失敗すると、もうオレの人生は終わりだ！　と深く落ち込んでしまい、立ち直れなくなってしまう人も少なくありません。特に、エリートと自他共に認めるような、光り輝くコースをひた走っている人ほど、ちょっとした挫折や失敗を乗り越えられず、そこで仕事や人生を放り出してしまいます。

田中さんではありませんが、失敗したからといって、そこですべてを諦めて放り出してしまうほど〝もったいない〟ことはありません。

失敗を恐れてはいけません。失敗は、成功にいたる道程できわめて重要な役割を果たしています。失敗には失敗の効用があるのです。

もちろん、失敗にも「いい失敗」と「悪い失敗」があります。物事をいい加減にやったり、明らかに手抜きをしたり、不注意が招いた失敗、単純ミス。こうした失敗はその後につながる大きなものをもたらすことはほとんどありません。

それとは反対に、一生懸命なあまりに失敗する。人にはこういうこともあるのです。田中さんの場合も、おそらく研究に熱中するあまり、ふと手元がおろそかになり、普段では混ぜ合わせないものを混ぜてしまったのでしょう。

熱中するあまりに招いた失敗の中には、しばしば潜在意識から送られたヒントが含まれている場合が多いものです。

そのヒントに気づくことができるかどうか。それを分けるのは、あなたがどれだけ、そのことに真剣に取り組んでいるかどうか、です。真剣に取り組んでいる場合は、あなたはつねに潜在意識に向かって、「何としても、その課題をクリアしたい」という真剣な思いを放っています。潜在意識はその思いに応えてヒントを送り、それがヒントであるとあなたに気づかせてくれるのです。

「人生に失敗などない」といい切れるこれだけの理由

「失敗しないものはつねに何事も成し得ない」

これは、アメリカの法学者フェルブスの言葉です。

また、ハインリッヒの法則というものもよく知られています。これは、一件の重大な災害の裏には二〇件のかすり傷程度の軽災害があり、さらにその裏には三〇〇件の「ヒヤッとした体験」が存在するという、いわゆる「一対二〇対三〇〇」の法則です。

逆にいえば、一つひとつの失敗体験をうやむやにしてしまったり、まして糊塗《こと》してしまったりせず、その経過、原因などを明らかにし、正しく分析すれば、再び同じ失敗を（他の人にとっても）防ぐことができるという考え方も成り立つわけです。

前東京大学大学院工学系研究所教授、現在は畑村創造工学研究所代表の畑村洋太郎氏は、失敗体験を情報化し、共有することができれば、それは最良の失敗対策となると主張し、その考え方から、失敗学会まで誕生させてしまいました。

失敗はけっしてネガティブなものではないのです。

ところが、日本の社会では失敗に対する寛容な文化は育っておらず、失敗は失敗、とそこで切り捨ててしまう考え方のほうが主流です。そのため、失敗を恐れてへっぴり腰で生きている人が多くなってしまうのです。そして、これまで述べてきたことからおわかりのように、失敗を恐れれば恐れるほど、いっそう失敗を招くという悪循環に陥ってしまうのです。

もちろん、できるだけ失敗しないに越したことはありませんが、仮に失敗してしまったら、その失敗を次の一歩のための教訓として生かせばよいと考えればよいのです。

つまり、失敗は「成功の種」なのです。

マーフィー博士は人生には「失敗などない」とまでいい切っています。マーフィー博士によれば、失敗とは、それを失敗と認めたときに生じるのだといいます。

マーフィー博士がよく引くのが発明王エジソンの例です。エジソンは電球の光り輝く部分フィラメントの素材を探し当てるまでに二万回の試行錯誤を繰り返しています。考えようによっては二万回も失敗を繰り返したことになります。しかし、エジソンはそうは考えなかったのです。「私は二万回目に成功したのだ」。つまり、一万九九九九回までは、「これではダメだ」という発見をしただけだったのです。

ホンダの創設者・本田宗一郎氏もエジソンと同じ発想の持ち主でした。本田氏も**「成功するまでやり続ければ、失敗することはない」**という言葉を残しています。失敗しても失敗しても、自分は必ず成功できる。エジソンと本田氏に共通しているのは、**自分は必ず成功できるという固い信念です。**

こうした強固な信念は、不可能を可能に転換し、失敗を成功に転換してしまう、すさまじいエネルギーを発揮します。

起こった結果は一つです。それを失敗と認めてしまうか、成功へいたる過程の一つにすぎないと考えるか。それを決めるのはあなたです。

自分を成功者とするか、失敗者とするか。その鍵を握っているのはあなた自身だということです。

"試験の合否"は、テスト前から決まっている！

仕事の失敗ばかりでなく、受験にも、恋にも失敗はつきものです。どんなに自信家でも、これまで一度も失敗したことがないという人はいないでしょう。

でも、その失敗はすべて自分が招いたものだといったら、あなたはきっと怒り出すでしょう。失敗とは、自分が思い願っていた通りの結果が出ないこと。ときには、願っていたのと、まったく正反対の結果になってしまうことも少なくありません。

でも、もう一度、申し上げます。失敗はあなた自身が、心の奥底で願っていたもので、潜在意識はその願いに応えて、失敗をあなたの目の前に突きつけたのです。

ある受験生の例です。Hさんの志望校は、彼の偏差値からいえば少しハードルが高かったのですが、Hさんは、その大学のある教授を大尊敬しており、どうしてもその教授のゼミで勉強したいと強く願っていました。受験勉強中もふと目を閉じると、その教授の講義を聞いている自分の姿が目に浮かんでしまうほどでした。

果たして試験は彼にはかなりむずかしく、最初、出題を目にしたときは目の前が真っ白になったと感じてしまったほどでした。しかし、手に負えなさそうに見える問題はどんどん後回しにして、Hさん自身、自信を持って解ける問題から解答していくうちに、最初は手がつけられないように見えた難問も、視点を少し切り替えるだけで、これまでさんざん勉強してきた問題と同じ発想で解けることに気がつくようになりました。

こうしてHさんは、見事に難関の志望校に一発で合格することができたのです。

もう一人の受験生Iさんは高い合格率を誇る受験校でもトップクラスの成績。志望校もトップクラスの名門校でしたが、彼ならば余裕で突破できるだろうと皆、楽観していました。しかし、彼は内心、ガチガチに固まってしまっていました。「まさか、このオレが落ちるなんてことないよな」「万一、不合格だったら、赤っ恥だよ」「絶対に落ちるわけにはいかない……」。受験が近づくにつれて、彼の頭の中は「不合格」という文字だらけになってしまったのです。

潜在意識はある意味で無軌道に動きます。合格と不合格とどちらがよいのか。潜在意識はそれを考えたり、判断したりすることはないのです。Iさんの頭の中が〝不合格〟という言葉でいっぱいになってしまえば、Iさんの潜在意識にはその言葉が刻み込まれ、それがそのまま現実になってしまうわけです。

結果は申し上げるまでもないでしょう。Iさんは不合格でした。

しかし、この結果は彼自身が〝望んで招いた〟ものにほかなりません。

失敗したくなかったら、けっして失敗を恐れてはいけないのです。失敗するのではないかと恐れながら行動していると、結果は必ず失敗します。

不安や心配が先に立ってしまうと、何事もうまくいきません。不安や心配があったら、それを徹底的に分析してみることです。不安症の人は、悪いほうへ、悪いほうへと思考を拡大します。これは潜在意識に悪いことを望んでいるのと同じことです。

▼せっかくの「武器」をサビつかせる人、小さな「長所」を思いきり伸ばす人

どんな秀才でも、生まれてこの方、失敗をしたことがないという人はいないでしょう。成功にいたる過程には、必ずといってよいほど失敗があるもので、失敗したら成

功は近いと思っていいのです。もちろん、中には最後まで成功に到達することができず、失敗のままに終わってしまう人がいます。それは「失敗したから成功が近い」と思わなかったからです。その理由は、ほとんどの場合、自信がなかったことにあります。

強気と弱気。悪い想像はどんな強気の人も及び腰にし、よい想像はどんな弱気の人も積極的にします。

日々、起こる出来事には、誰でもそう大差はないのです。重要なのは、その受け止め方。具体的にいえば、日常的にその人が描いている自分のイメージなのです。

Uさんはフランス育ちの帰国子女。かなりの美人で、どことなくアカ抜けたセンスを身につけており、社内でも注目の的の新人です。同じく同期入社のSさんは、地方出身で言葉にもまだナマリが残っています。けっして美人とはいえませんが、いつも元気でニコニコ、明るいのが取り柄といえば取り柄でしょうか。

入社から五年後、この二人はどうなったでしょうか。意外なことに、Uさんはオフィスの隅で、冴えないパソコン入力作業に追われています。たまに彼女に指名がかかるのは、フランスから取引先の人が訪れたときぐらい。一方のSさんは、戦略本部スタッフの一員に抜擢され、若い女性をターゲット層とする新製品の開発を任されるという重要な仕事をテキパキとこなしています。

この二人の決定的な違いが生まれたきっかけは、失敗の処理の仕方にありました。ある小さな失敗をしたとき、Uさんはその失敗を上司に報告せず、何とかごまかして処理しました。それからは、部内でスタッフ同士が話していたりすると、その失敗が発覚したのではないかと疑心暗鬼になり、部内の皆が彼女を非難しているように感じるようになってしまったのです。こうして絶えず悪い想像ばかりしているうちに、彼女は弱気で自信のない人間になってしまい、社内での評価もどんどん落ちてしまいました。

一方、Sさんは Uさんとは対照的に、失敗すると「ああ、またドジっちゃった。ごめんなさい。反省しています」と自分の失敗を隠そうとしません。本当に申し訳なさそうな態度をとるので、少々、面倒を起こしても「今度から気をつけてくれよな」ですんでしまう雰囲気がかもし出されるのです。

そして、本当に、同じような失敗は繰り返しません。Sさんなりに猛反省し、「今度は絶対に失敗しないぞ」と自分に誓うからです。

すると、明らかに失敗は減ってきて、三年ほど経験を積んだころには、同期入社社員の中でも、最も確実に仕事をこなす人間に変身していたのです。

組織内で自分がプラスと評価されているか。マイナスと評価されているか。どう受け止めるかは、あなた自身の判断であり、決定です。弱気の判断はマイナスの評価を招き、強気の判断はプラスの評価を招きます。

期待されている人間ほど期待どおりに伸びていくのはそのためです。

期待されているかどうか、はどう判断するのかって？　それは、あなたの判断です。あなたが心底、自分は期待されている人間だと思えば、あなたは今日、この瞬間から、期待されている人間です。「いや、オレなんか、会社のお荷物だよ」とあなた自身がそう思えば、いま、この瞬間から、あなたは会社のお荷物になってしまいます。

どんな問題であれ、あなたが決断を下さなければならないときは、その問題について建設的に考えることが重要です。失敗しないための判断ではなく、成功するための判断です。負けないための判断ではなく、勝利するための決断です。心配したり、失敗の予感にとらわれているときは、判断したり、決断すべきではありません。

▼「想像訓練」で〝心の生活習慣〟をしっかり育てる

　そうはいっても、人生にはもう後がない。ここですべてが終わりだ、と思うような瞬間もしばしばあります。そうした場合は、もう悩むことはやめて、心のおもむくままに任せてしまうのがいちばんです。人はたいてい、悩んでいるうちに考えはどんどん悪い方向に向かってしまいがちです。悪い方向に向かった考えは、牽引の法則により、さらに悪い結果を引き寄せてしまいます。

　日ごろから、過剰に脂肪や糖分を摂取し、運動もろくにしない。お酒やタバコを飲みすぎる……というような健康に悪い習慣を続けていると、ふと気がついたときには高血圧や糖尿病のような生活習慣病にかかってしまっています。

　それと同じように、心にも生活習慣があります。いつも、「自分はしだいによい方向に向かっている、必ずよい結果が用意されている」と考える習慣がついていれば、心は必ず、よりよくなる方向に向かう解答を用意しています。反対に、「自分は運が悪い。たぶん、よくない結果が待っているのではないだろうか」と絶えず、不安を抱く習慣がついてしまうと、心のままに任せた場合も、不安が的中したという結果が用意されるのです。

人生はどんな結果であれ、その結果はあなた自身が日ごろから望んでいたとおりのものにほかなりません。

誰がいっそう不幸になることや、いっそう貧しくなることを望むだろうかと反論する人もあるかもしれませんが、「不幸になるんじゃないか」「もっとお金に困るようになるんじゃないか」と心配したり、不安を持っていれば、それは、心の中で、不幸や貧乏を願っているのと同じ結果になってしまうのです。

人生の困難や障害をよりよい形で乗り越えていきたいと願うなら、日ごろから、よい心の生活習慣をつけるようにすべきです。そのためには、「想像訓練」を行うとよいでしょう。

「想像訓練」とは、どんな場合も、目の前の問題や障害が、自分にとっていちばんよい方向で解決したら、どんなに嬉しいか、繰り返し想像することをいいます。

手形の決済日が迫っているのに、どうしても金策がつかないで悩んでいた人がありました。金融機関も厳しい貸し渋りで、融資を受けられる期待はほとんどありません。

親戚や友人など、頼りになりそうなところはすべて回ったけれど、誰も〝ない袖は振れない〟状態で、急場をしのぐ現金さえも用意できません。その月さえしのぐことができれば、以後は確実に支払いが入ってくる予定があり、何とか事業は継続できる見込みなのです。

駆けずり回れるところは全部回った。打てる手はすべて打った。そう思った彼はこの切羽詰まった場面を「想像訓練」の成果で乗り切ろうと考えました。彼には、日ごろから、自分のビジネスがいつもうまくいき、自分が起こした会社はどんどん大きくなるというイメージを思い浮かべる習慣がついていました。

「想像訓練」をさらにステップアップしたものが「想像体験」です。「想像訓練」が本当に身につくと、想像しているだけで、本当に自分が想像どおりの体験をしているような実感がありありとつかめるようになります。この想像体験は現実の体験とほとんど変わらない心理的効果があります。

「想像は知識よりもはるかに大きな力を持っている」とアインシュタインもいっています。

彼の場合もまさにそうでした。手元には、落とさなければならない手形という、人生最大の危機ともいうべき問題を抱えているのに、彼が感じているのは、倒産の危機などまったく無縁の、右肩上がりの成長を力強く続けている会社の経営者の気分なのです。

さらにその効果をいっそう高めるために、彼はつね日ごろよりいっそう強く、そのイメージをはっきりと思い浮かべ、その上、言葉に出して「大丈夫、自分の会社は絶対に倒産することはない」と自分に向かって宣言することを繰り返しました。

ある日、彼は出先で出会った長年の知り合いに勧められ、生まれて初めて馬券を買ってみました。知り合いが勧めたのは1－3、2－3、3－4、3－5など3から流すというもの。このラインを抑えておけば大けがはしないよ、と知り合いはいいます。しかし、彼は、ふと頭に浮かんだ数字が語呂《ごろ》もよく、語感もさわやかだと感じ、彼は6－7という、勧められたのとはまったく違う馬券を購入しました。

レースが終わってから、彼は仰天してしまいました。なんと6－7がズバリ的中。あまりにレアな馬券であったため、一〇〇円券に対して三〇万円を超す配当が出たのです。彼が買った馬券は一〇〇〇円券。しかも二枚も買っていたため、彼の手元には瞬時に六〇〇万円を超すお金が入ってきたのです。

アブク銭でもお金に優劣はありません。彼はこの〝アブク銭〟でその月の手形をきれいに落とすことができ、何とか急場をしのぎました。それ以後は着実に収入があり、少しずつですが仕事も増える傾向にあり、彼の会社は何とか軌道に乗りました。

彼の場合は完全なビギナーズラックです。競馬がわからないからこそ、大穴が当ったのでしょう。

努力を尽くした後はすべてを潜在意識に任せて、思い切って悩みを手放してしまう。すると、潜在意識はあなたの悩みの解決に向かって、はかり知れない力を発揮するようになります。彼の場合がまさにそうだったといえるでしょう。競馬の大穴、というような思いがけない方法を使ってまで、潜在意識は必ず、あなたの人生の問題を解決してくれるのです。

人生に起こるさまざまな問題は何であれ、潜在意識を信じて任せるのが最大の解決法です。

▼"勝ち運の波"――一度乗れれば、何度でも乗れる

未曾有の不況だといわれていますが、日本中のすべての企業が悪戦苦闘しているわけではありません。中には、このご時世に右肩上がりの成長を続け、大きな利益を手にしている企業もちゃんとあります。

どの分野にも勝機はある。これはビジネス界の真理です。不況とは、これまでのようにどんな企業でもそこそこ儲かるという時代ではない、という意味だといっても過言ではないくらいです。それを示すように、どの業界でも勝ち組企業と負け組企業の二つにはっきりと分かれ、勝ち組入りした企業はさらに勝ち戦を進めています。

個人についても、同じことがいえます。日本の雇用関係は長いこと、年功序列、終身雇用という甘い環境にあり、大手企業に就職すれば、寄らば大樹の陰。生涯、横並びの昇給、昇進がほぼ約束されてきました。

しかし、いまや状況は一変しました。待遇も昇進もあくまでも能力しだい。大手企業の中には、同期生でポストが数段階も違ってきたり、それにともなって年収が数百

万円も違ってくるケースも少なくない時代です。

企業の中でも、個人的に勝ち組入りしなければ輝かしい将来は望めません。

勝ち組入りするためには秘訣があります。それもたった一つ。それは、失敗体験を忘れてしまうということです。よく、「この失敗を心にしっかり刻み込み、二度と失敗しないようにします」という人があります。実は、一見、謙虚に見えるこの態度こそが失敗の元なのです。

失敗はそれでなくても、忘れがたいほどの衝撃をあなたに与えます。とてつもない挫折感。やり切れないほどのみじめな思い。二度と立ち上がれないのではないかと思うほどの脱力感。人より大きく遅れてしまったという焦燥感……。でも、そうした思いをいつまでも引きずったり、長くとらわれてはいけないのです。

こうした思いは潜在意識に深く刻み込まれる前にさっさと手放してしまうべきです。そして、次回こそ成功すると信じて、堂々と、強気で振る舞うのです。「誰か、自信のあるものはいないか?」と聞かれたら、真っ先に名乗りをあげる。そのくらいの強く、前向きな姿勢が求められます。前回、失敗したのに、大きな顔をして図々しい。周囲の目はそういっていようといまいと、そんなことは関係なし。大事なのは、あなた自身のあなたに対する姿勢です。

保険営業マンのWさんは、自分は営業職に向いていないと思い込んでいました。たしかに営業成績は同期の中でもどん尻に近く、自分でも口下手だなと思い込んでいました。しかし、ある日、突然、もう、負け犬はイヤだと心底、思ったのです。

Wさんは毎日、「よぉーし、明日は絶対やるぞ！」と大きな声で叫んでから寝るようになっていました。そのほうが翌朝、力に満ちているように感じたからです。そのうち、しょっちゅう、自分の営業成績のグラフがどんどん伸びている夢を見るようになりました。

Wさんはマーフィー博士の本を読んだわけではなかったのですが、結果的には自分なりにその法則に到達し、自分の中に眠っていた、勝てる自分を引き出したのです。

現在、彼は同期生の中でもトップクラスに数えられる営業マンとなり、もちろん勝ち組の仲間入りを果たしています。

いったん、勝ちぐせをつけると、勝ちぐせはどんどん勝ち運を引っ張ってきます。その反対も真実です。勝ち組と負け組の差はこうしてますます大きく開いていってしまうのです。

企業でも、個人でも、宇宙の真理は同じように働きかけます。人生の勝ち組入りを果たしたいなら、負けのイメージを抱いてはいけません。つねに思い描くのは、成功し、勝利したシーンだけです。

小さくてもいい、自分の中にある〝最高の部分〟に集中せよ！

心の中に劣等感を隠し持っていない人は稀でしょう。特に、日本は世界でも有数の序列社会で、公園デビューに始まり、有名幼稚園に入る熾烈な受験競争。小学校から大学まで、試験の点数と偏差値で絶えず序列をつけられます。こうして、幼いころから人と比べられ、他の人より〝すぐれている〟ことを求められてくれば、イヤでも自分のポジショニングはわかります。その結果、根深い劣等感を抱え込むことになってしまった人もけっして少なくないでしょう。

劣等感は正常な反応です。ですから、劣等感を捨てなさいとはいいません。劣等感に支配されない自分になるのです。

劣等感の正体をよく見きわめてください。

自分は数学は苦手だけど、英語はまああ。受け付け業務は苦手だけど、パソコン入力ならかなり自信があるわ。オレはコンピューターのことはよくわからないが、営業をやらせたら、ちょっとやそっとでは他人には負けないぞ。

誰の心にもこうした天秤棒《てんびんぼう》が揺れているはずです。人間、何もかもできるという人がいないのと同じように、何もかもダメだという人もありえません。

劣等感を感じたら、自分の中の最高の部分に目を向けるようにすればよいのです。

こうしたバランス感覚を身につけることも、マーフィー博士が強く求めた生き方です。

誰にも、特定の劣等感から自由になるために、自己コントロールが何よりも大切なのです。

自分の中の力だけで十分に豊かな人生を送れるようにプログラムされています。しかも、その力は引き出せば引き出すほど、ますます、旺盛に湧き上がってくるという、奇跡のようなエネルギーを持っています。

得意なことで花を開かせた人は、日を追うごとに力に満ち、エネルギーに満ちて輝いていきます。成功者には独特のオーラがあります。そのオーラとは、まさに、力とエネルギーが現出する光輝だといってよいでしょう。

自分の得意技がわからないという人は、とにかく好きなことにエネルギーを集中してみることです。

非の打ち所のない人間になど、ならなくてよいのです。人と比較したり、あるいは人に勝とうとしたり、人よりすぐれた人間になろうとする必要はありません。自分は自分でいい。そう敢然といい切ることができるようになれれば、あなたは、すでに劣等感から解放されています。

顔や心だけでなく〝人生〟までも歪めてしまう感情とは

一流イタリア・レストランの日本店に勤めるAさんとKさん。入社以来、無二の親友だと互いに認め合っていたAさんが、都内の一等地に出店する新店のフロアマネージャーに抜擢された。そう知らされたとき、Kさんの気持ちに最初に湧き上がってきたのは、自分でも思いもしなかったメラメラと燃える嫉妬心でした。

「なんでAなの？」。成績だって互角。上司の受けは自分のほうがよいのでは？　Kさんは内心そう思っていたのです。

でも、ここは大人の女にならなくては。Kさんは引きつる表情をムリヤリほぐしながら、「A。よかったね、おめでとう。二人でお祝いしようよ」。二人でお気に入りの隠れ家レストランに行き、「これは私のおごりよ」とシャンパンまでご馳走《ちそう》しながら、どうしてもKさんの気持ちは晴れません。ついつい、言葉にも針がこもり、「ひょっとしてA、女の武器を使ったの？　あら、もちろん、冗談よ。でも、Aは美人だから、誘惑も多いでしょ」などとイヤミな言葉を吐いてしまい、その言葉に自分自身がさらに傷つく始末です。

嫉妬は誰の心にも潜んでいる感情ですが、嫉妬は、実は、人生を大きく歪めてしまう、とんでもない魔力を秘めています。他人の成功、幸せ、富、才能、美貌……。自分にはなぜ、そうしたものが相手の半分でもいいから与えられなかったのだろう。嫉妬は相手に対するネガティブな思いばかりか、宇宙をコントロールしている大きな力に対して、反発心を抱いてしまうことになります。その結果、人生は思いもかけない方向に歪んでしまうのです。

たとえ、冗談にせよ、Aさんが女の武器を使ったのではないか、と口にしたことは、心のどこかに、Aさんならそうしたこともやりかねない、とAさんと上司がホテルに消える光景がチラッと浮かんだことを意味しています。

さいわい、Kさんは実に聡明な女性でした。自分の醜さにすぐに気づき、何とか、その醜さを克服しようと試みました。

そこで、Kさんは毎日、心から、Aさんの抜擢を喜んでいる自分をイメージに思い浮かべようとしました。

ところが、Kさんの嫉妬心は彼女自身が思っていたよりもずっと根の深いものであったらしく、そんなイメージを思い浮かべたその瞬間、まるで反動のように、上司に媚《こび》を売っているAさんの顔が浮かんできてしまいます。Kさんは自己嫌悪と嫉妬というジレンマに陥ってしまいました。

▼誰もが、すばらしく見事な〝蝶〟になれる！

Kさんが本当の聡明さを発揮したのは、実はこの後です。この感情にとらわれている以上、自分は絶対に幸せになれない。そう確信したKさんは、幼なじみの親友に、大泣きしながら、自分の醜い心の動きを洗いざらい吐き出したのです。

思い切って誰かに告白すること。こうした行為には意識を浄化する作用があります。

Kさんもつきものが落ちたように、嫉妬と自己嫌悪から解放されました。

そうして今度は、自分自身が最も強く望んでいる、イタリア本社での一年間の研修を受けている自分を毎日、思い浮かべるようにしたのです。特に寝る前に深呼吸し、自分の思いを静かに整えてから、こうなりたいという自分像を潜在意識のスクリーンに思い浮かべると効果的だ。たしか、本にそう書いてあった、ということを思い出しながら……。

それから二年後、Kさんのミラノ行きの辞令が出ました。こうしてKさんは見事に〝なりたい自分〟を実現したのです。実は、今回のミラノ研修はAさんも一緒です。このとき、KさんはAさんも本国研修に選ばれたことを心から喜べる人間に変わっていました。

誰の中にも、自分でも目を覆いたくなるような醜い部分があります。欠点のない人間はありませんし、嫉妬や羨望にわが身を焦がし、かえって悶々と苦しむこともあります。自分でも抑え切れない欲望に息が詰まりそうになることもあります。それは、まさにあなたが人間である証拠だといってもよいくらいです。

しかし、その人の真価が問われるのはそこから先です。欠点や欲望、醜い心の動きを潜在意識の力を借りてコントロールし、それらの力に負けない自分を現出するのです。

こうした段階を経て、誰でも、なりたい自分に変身することができるのです。

醜い自分に気づいたら、自分はいま、サナギの状態だと考えましょう。焦らず、自分を放り出さず、じっくりとなりたい自分を目指して自分をつくり替えていけばよいのです。

なりたい自分そのものに変わる力は誰の中にも潜んでいます。潜在意識の力を正しく引き出し、正しく開花させれば、サナギが羽化し蝶になって羽ばたいていくように、あなたは必ず、見事に、なりたい自分に変身できます。

▼「他人の価値」を高めるほど、自分が高く評価される

会社や組織に属している人は、一〇〇人のうち一〇〇人が、上司とうまくいかない、部下をうまくコントロールできないというような人間関係の悩みを持っているといってても過言ではないでしょう。

人間関係に関する悩みを持っている人は、人間関係が鏡のようなものであることを知らないだけにすぎません。相手があなたに対する評価は、あなたが相手に対して下している評価を鏡に映したように返しているだけです。

上司とうまくいかないならば、まず、上司に対するあなたの考え方や評価を変えるべきです。あなたが肯定的に評価すれば、相手もそのように振る舞うでしょう。上司に不満を抱くことは簡単です。理想的な上司はめったにいないからです。でも、そういう人でも肯定的に評価し、受け入れようとする。そこに、あなたの内に潜む力を発揮させるのです。

誰でも、表に表れた能力は氷山の一角のようなものです。必ず、それ以上の大きな力を持っています。上司の中にそれを見出し、評価するのです。

人は誰でも自分の価値を認めてもらいたがっています。大胆に、他人の価値を認めなさい。そうすれば、その人のいちばんよいところが引き出されてきます。

部下がついてこないという場合は、あなた自身をもっと振り返る必要があります。人は理由もなく反抗はしません。反抗の種はあなたがまいたのです。「原因は自分にあるのではないか」とまず疑ってみることです。

上司であれ、部下であれ、相手をポジティブに評価し、それを言葉に出してほめましょう。ほめることは、あなたの部下や同僚に自信を植えつけます。上司には、いかにあなたが上司を信頼し、尊敬しているかを印象づけます。

友達ができない、心を許せる同僚がいないと嘆いているなら、その前に、あなた自身が、日ごろの自分を客観的に見て、友達になりたいかどうか、判断してみましょう。自分自身を分析すれば、あなたに友達ができない理由を知ることができるはずです。

こうして、自分自身の問題点に気づいたら、本当に友達になりたいような人間像になった自分の姿を、鏡に映すように想像してみましょう。ときには、声に出して、自分はこう変わるのだと宣言してみることも大事です。

人間関係を修復するには、まず、自分自身が変わる必要があるのです。それに気づけば、もう、あなたは問題解決の第一歩を踏み出したも同じです。

いつも〝いい波動〟に乗る最高の生き方

恋愛がなぜ、すばらしいか。その最大の理由は、恋をしているときのあなたは、最高のあなたであるからです。自分でも実感できるでしょう。一生懸命で、意欲的で、素直で、謙虚で、それでいて自信に満ち、何よりやさしく寛大です。

あなたのこうした思いはそのまま相手に伝わり、相手の心も同じように、一生懸命で、意欲的で、素直で、謙虚で、それでいて自信に満ち、何よりやさしくしていきます。人生を最高に輝かしいものにするのは、お互いに伝播《でんぱ》するこうした心の波動です。こうした波動に満たされていれば、心はやすらぎ、癒され、豊かに満たされ、どんな災いも近づくことができません。

反対に、怒りや憎しみは人生の最大の害毒です。その毒に当たって苦しむのは、ほかでもない、あなた自身です。

心から自分を愛し、大切にしてください。自己を偏愛するのではなく、自分を正しく見つめ、正しく愛する姿勢を確立することです。

「人は自分に自信のないときに嫉妬する」とマーフィー博士もいっています。

嫉妬や憎しみ、怒りの猛毒に人生を台無しにされてしまう前に、自信を取り戻し、自分を愛し、人を自分と同じくらい愛する……。

自信を失い、不安になったり、悲しくなったり、落胆したりしたときは、無心になればよいのです。何も悩まず、考えず、ただ無心になる……。寝てしまうのも一法。疲れ果てるほど運動をしたり、我を忘れて何かに夢中になるのも一法です。

無心になり切れたとき、あなたの心の奥底から潜在意識が放つ光が見えてくるはずです。その光にあなた自身を映し出してみましょう。

そこに映し出されるのは、愛すべき、真に愛すべき、あなたという存在です。その存在に、あなたのすべての夢、願い、欲望を実現する鍵が宿っています。

7章

奇跡のように自分を変える「心の魔法」

▼可能性は誰にもある──それを引き出す〝鍵〟を持っているかどうかだ！

運命論者はよく、人には生まれ持った運命があるという言葉を口にします。しかし、運命とは不可変のものではなく、自分の力で好きなように変えられるものです。マーフィー博士はそう考え、実際に、自分の思うように運命を変えた多くの人の例を人々に紹介し、運命を自分の思うがままに変えて生きる力が誰にも潜んでいることを明らかにしてきました。

マーフィー博士が示した例はどれもけっして特殊なものでも、特別なものでもありません。誰でも、自分が最も強く望む生き方を実現することができます。これこそ、すべての人に与えられた運命だということができるでしょう。

自分にとって、本当の幸せとは何でしょうか。まず、その真実の姿を見きわめることです。あなたの人生はあなた自身のものです。まず、あなた自身が完全に満足できる生き方であるかどうか、です。世間がどう評価するか。会社の同僚がどんな目で見るか。そんなことは取るに足りません。もっといえば、親をはじめとする家族の思いどおりの生き方を志向する必要もありません。たとえ、現在はあなたの生き方を理解してもらえないとしても、あなたが本当に満たされた生き方を貫いていれば、家族は必ず、やがて、あなたの生き方を最も喜んでくれる存在に変わっていきます。

最高に幸せな人生を歩んでいこうとするなら、まず、あなた自身が、どんな人生を送りたいのか、その実像を明確に把握する必要があります。

自分にとって、最高の人生とは何でしょうか。最高の幸福とはどんなものでしょうか。それを知るのは、そんなにむずかしいことではありません。自分がどんな状態のとき、いちばん心が平和で、楽しいか。その状態を今日、そして明日、明後日と続けていけば……、それがあなたにとって最高の人生になるはずです。

あなたが、現在の日々に不満や不足、不平があるのだとしたら、けっして諦めてしまったり、そこに甘んじている必要はありません。

あなたの中には、最高の人生、最高の幸福を呼びよせる奇跡の力が眠っています。その力を覚醒させ、力強く働かせるか、奇跡の力を眠らせたままにしておくか。そのどちらを選ぶかで、あなたの人生はいま、この瞬間から大きく変わります。

あなたは、あなたが好きなように、望むままに生きるために、この世に生まれてき

たのです。あなたは、あなた自身の思うままに、自分自身の運命を形づくり、創造することができるのです。

自分が思ったとおりの人生を歩みたい。そう固く、強く決心したいまこの瞬間、あなたは、奇跡の力を呼び覚ますことができたはずです。

心の奥底から、力がみなぎってきた実感があるでしょう。自分の人生は、自分が思ったとおりのものになる、という揺るぎない確信が感じられるでしょう。それを感じたなら、あなたの手には、すでに奇跡の扉を開く鍵が握られたのです。

▼はやくも〝奇跡の芽〟はあなたの中に宿っている!

世界最高クラスの高さを誇ったニューヨークのワールド・トレード・センター・ビルがテロによって崩壊し、数千人の命が散った事件。スペースシャトル「コロンビア」が、着陸のわずか一六分前に木っ端みじんに破壊され、七人の宇宙飛行士の命が天空に帰してしまった事件。それにイラク戦争……。

世界には悲しく、悲惨な出来事が少なくありません。もっと身近な例を挙げれば、目指していたポストにライバルが抜擢されてしまった。営業成績がパッとせず、リストラの危機をひたひたと感じる。朝、鏡で見る自分の肌の調子がイマイチだった。もう二日も、彼から連絡がない……。誰の人生にも、こうした問題が次から次へと襲ってきます。

人生に奇跡を起こせる！　といわれても、毎日、目の前で起こることとは奇跡とは縁遠い、自分の願いに逆らうことばかりだ。こんなふうに嘆いている人も多いでしょう。でも、あなたの心を正直に見つめてください。ニューヨークのテロも、会社の不調も、それを、あなたの心がどうとらえるか。あなた自身の考え方、心の態度こそが、あなたの心の在《あ》り様を決めることに気づいてください。

ニューヨークのテロとイラク戦争は深い悲しみに満ちた出来事ですが、それにより、世界中の人々は、改めて、世界平和の尊さを再認識することができました。スペースシャトルの事故も同じです。この事故を乗り越えて、人類はさらに宇宙への夢を羽ばたかせていくことでしょう。

勤務先の会社が倒産したという例など、いまどき、少しも珍しいことではありません。だからといって、倒産会社の社員の人生がそこで終わってしまうわけではありません。その後の人生をよりよく、いっそうすばらしいものにしていくよう、持てる力をフルに発揮して、前進していけばよいだけです。

人生を前進させる力は、これまで繰り返しお話ししてきたように、誰の中にも必ず、いくら使っても使っても尽きることがないほど、無限に与えられています。

もちろん、あなたにも、です。

すべての人に与えられた、その力を信じ切ることです。自分自身の中に潜んでいる力を、絶対的に信じることです。

無限の力はあなたの中にあり、いつでも活用される日を待っています。この神秘的で偉大な力は、あなたの人生に思いもかけない奇跡を起こすこともあります。

人生とは、あなたの心に映ったことがすべてです。言葉を変えれば、人生とは、そして運命とは、あなたの心の中にあるのです。

なぜ、これほどまでに違う人生を歩むことになったのか

潜在意識の力を生かした生き方をしているかどうか。その違いを最もわかりやすい

形で示しているのが、兄弟や姉妹の間でも、大きく運命が分かれることがしばしばあることです。

遺伝的にも環境的にも、まったく同じ条件下にあるはずの一卵性双生児でさえも、まったく同じ運命を生きることはありません。

ときには親さえ間違ってしまうほどよく似た、ある一卵性双生児の場合は、姉は結婚に失敗し、いまでは一人、小さなアパートでパートをしながら細々と暮らしています。一方の妹はすばらしい結婚相手に巡り合い、かわいい子どもにも恵まれ、幸せそのものの人生を送っています。

二人にこれだけ大きな違いをもたらしたのは、二人の意識、心の態度の違いです。姉はなぜか、不平、不満の塊のような女性だったのです。一卵性双生児ですから、顔立ちはよく似ているのですが、姉は自分の顔のここが気に入らない、あそこが気に入らないと、母親に食ってかかったことさえありました。上昇志向が強いということもできますが、つねに平凡なサラリーマン家庭に生まれた自分の運命にいらだち、社会的にも経済的にも、もっと〝上〟の生活を送りたいとあえぐような思いを抱いていました。

こんな一生はイヤだ。絶対に、人が目を見張るような人生を手にしてみせる。マーフィーの法則に照らせば、よりよい生活を求める気持ちに潜在意識は応えてくれるはずではないか。あなたはそう反論するかもしれません。しかし、この姉の上昇志向の底にあるのは、自分の現実を全否定し、拒絶する強い思いでした。

この否定的な思いが彼女の運命をどんどんねじ曲げていってしまったのです。歪んだ上昇志向に引っ張られて選んだ結婚相手が、幸福につながる道理はありません。

一方の妹のほうは幼いときから勝気な姉の陰に隠れ、いつも与えられたもので十分に満足する、心の習慣ができていました。一卵性双生児でありながら、姉と自分を比べる気持ちは強くなく、「お姉さんはお姉さん。自分には自分の人生がある」と確信していました。そして、自分の人生なのだから、自分が好きなように生きていこうと、静かに考えていたのです。

進学も就職も結婚も、彼女は人の目を気にすることなく、自分が望む方向を選びました。ですから、どんなことがあっても、「自分で選んだ道だから」といつも前向きに受容できるのです。

楽しみにしていた外出の日、朝、起きたら大雨だったとします。姉は、「まったくついてないわ」と天に向かって舌打ちしますが、妹のほうは「このところ、空気が乾燥して、そろそろ、雨が降ってほしいと思っていたところだったわ。そうだ、このあいだ買った新しい傘を持っていこう」と雨を楽しいことに変えてしまう、そんな姉妹だったのです。

妹のように、すべてのことを前向きで肯定的にとらえる心の習慣は、潜在意識を活気づかせ、彼女の人生に次々と奇跡を呼び起こしました。

あなたも、こうした人生を送りたいなら、何でも肯定的に受け入れ、肯定的に想像するように努めましょう。最初は努めてそうしているうちに、しだいにそれが日々の心の習慣になり、やがて、いつでも、ごく自然に前向きで、肯定的な心の姿勢が身についていきます。

前向きの心の習慣は、調和、平和、成功、豊かさ、繁栄、満足、やすらぎ……。満ち足りた人生に求められるすべてをあなたに引き寄せます。

▼この〝オーラ〟が、あなたを別人にする！

テレビで活躍している旬《しゅん》のタレントや女優。まるで、自分とは住む世界が違っているように輝いています。でも、ときどき、そうした人のデビュー前の写真を見る機会があると、「なぁーんだ、ごく普通の人だったんじゃない」と思ったことがありませんか。デビュー前の彼、彼女と現在の光り輝くような彼、彼女。その違いをもたらすのも潜在意識の大きな力です。

タレントたちは、売れ始めるとオーラのような光を放ち始めるといいます。このオーラの正体こそ、潜在意識のパワーなのです。

人気が出てきて、絶えず人の視線を浴びるようになると、誰でも心の底に、恍惚とした満足感が泉の水のように湧いてくるのを実感するようになります。この恍惚感、満足感が彼らをいっそう光り輝かせていくのです。

「自分は美しい。自分はすぐれている。自分は選ばれた人なのだ……」

この恍惚感を活用すれば、あなたもいま、最も旬なタレントそのもののように光り輝く存在になることができます。美しくなりたいなら、毎朝、鏡に向かったとき、「自分は最高に美しい。バランスがとれ、肌が輝き、何よりも、自分に自信を持っています」

と声に出していうのです。

存在感を際立たせたいなら、毎朝、出勤前、鏡の中の自分に向かって、「自分は成功できる。力にあふれ、活力に満ち、どんなときも尽きることのない、無限の力を持っている。自分は成功するために生まれてきた」

と力強く断言しましょう。

肝心なのは、あなたが揺るぎない確信を持っていい切れるかどうか、その一点です。きっぱり断言できる確信が、あなたのオーラの源泉になっていきます。

一年、二年、三年……、あるいは五年、十年と、自分自身への確信を言葉に出して断言する習慣を黙って続けてみてください。

やがて、あなたは自分でもびっくりするほど変わります。デビュー前のタレントと現在のタレントが別人に見えるように、そのころのあなたは、現在のあなたとは別人のように変わっているはずです。

もっと正確にいえば、別人のように、ではなく、あなたは完全に別人になってしまうのです。自信に裏付けされ、その自信が内側からにじみ出るような光輝を放ち、その光輝があなたを包み、すばらしい人格を印象づけます。

その光輝こそ、あなたの人生を成功に導く灯になるものです。

自分が自分自身の〝第一のファン〟になる!

マーフィー博士が繰り返し述べていることの一つに、自分の人生は自分自身のもので、他の誰のためのものでもないということです。極論すれば、親や配偶者なども、自分の人生と最も深くかかわりを持つ存在ではあるけれど、彼らのために自分の人生があると考えるのは間違っています。

自分自身の人生をかぎりなく満足すべきものに変えていけば、結果的に、親も家族も友人も、周囲の皆があなたを受け入れ、あなた自身の満ち足りた思いが周囲の人々にも、やすらぎや豊かさをもたらす結果を招きます。

自分にとって最高の人生を招き寄せる。その第一歩として、まず、自分が自分自身の第一のファンになることから始める方法があります。自分を大好きになるのです。自分にもっとやさしく、自分をもっと高く評価し、もっと好きになってください。

人生に失敗したり、不幸せな日々を送っている人は、例外なく、自分を否定してかかっています。

「自分は頭が悪い」「自分は美しくない」「陰気で人に好かれない」「友達ができない」「仕事が遅い」「成績が上がらない」「太っている」「やせすぎで魅力がない」「背が低い」「スポーツが下手だ」……。

あなたがとらわれているこうした劣等感と、もう一度、正面から対峙してみてください。あなたはいつから、こうした思いにとらわれるようになったのでしょう。天真爛漫な幼いころは劣等感のカケラもなく、あなたは笑い転げ、伸びのびと行動していたのではないでしょうか。

成長するにつれ、自分自身の限界がわかってきた……という人もあります。自分自身の限界など、誰が設定したのでしょうか。自分自身にほかなりません。あなたは自分で自分を、狭く窮屈な枠に閉じ込めてしまったことに気づくでしょう。

自分で設定した枠なのですから、自分の力で取り除くことができます。

「頭が悪い」「美しくない」「人に好かれない」「友達ができない」「仕事が遅い」「成績が上がらない」「太っている」「やせすぎで魅力がない」「背が低い」「スポーツが下手だ」……。

こんな枠は自分で簡単に撤去できます。撤去する方法は、自分で枠をつくったときと同じように、何の根拠もなく、勝手に、その正反対を思い描けばよいのです。

「自分は頭がいい」「私は美しい」「私は誰からも好かれる」「友達がすぐにできる」「仕事が速く確実だ」「成績はうなぎ登りだ」「豊満で女らしさに満ちている」「スリムでスタイルがいい」「小柄でかわいい」「スポーツが好きだ」……。

毎日、自分に向かって勝手にこう宣言するだけでいいのです。自分を好きになり、自分に向かって肯定的な言葉を響かせること。これが、自分の人生を好転させる、最初の、そして最高に効果のある確かなきっかけになります。

欲しいだけ、欲しがっていいのです

高層ビルの最上階の一二億円というマンションに、買い手が殺到しているそうです。

「世の中は不公平だよな。あるところにはお金があるんだ」。そんなふうにいっている人もあるかもしれません。

お金がない。十分なお金がない。だから、欲しいものが手に入らない。海外旅行にも行けない……。

だから、自分は不幸せ、でしょうか。

マーフィー博士の見出した法則は心の法則だといいました。しかし、心の法則でありながら、マーフィー博士の法則どおりに生きる姿勢を身につければ、お金も、ブランド品も、車も、マンションも……、こうした物質的なものも、あなたが心底、望みさえすれば、何でもあなたのものになります。

マーフィー博士の法則どおりに生きるようになり、西部の開拓地に油田を見出し、巨富を手にした人、カリフォルニアの荒れ果てた土地を買い占め、その後、その土地にテーマパークが建設されることになって、驚くような金額で転売した人……。そんな人は枚挙にいとまないほどいます。

あなたも望みさえすれば、こうした運命を切り開けます。

いつもお金が欲しい、欲しいと思っているけれど、現実はいつもピーピー。なぜ、自分の願望はかなわないのだろうか。

そうした不満の持ち主と話をしてみると、なぜか、心の奥底の本音部分で、自分は〝お金には縁がない〟と思い込んでいることに気づきます。

あるいは、努力もしないで、お金が欲しいと願望している自分をどこかで否定している人もあります。「世の中、そんなに甘くない。お金を得るには、人の二倍も三倍も額《ひたい》に汗して働かなければならないはずだ」

マーフィー博士はそんなことは一言もいっていません。お金が欲しいなら、ただ、そう願えばいい、と繰り返しいっています。自分がとてつもない大金持ちになり、ペントハウスに住み、フェラーリに乗り、莫大な資本を投じて思い切りビジネスの腕をふるいたいなら、そうひたすら願えばいいのです。

もっと実現性を高めたいなら、その様子を、映画を映すように心のスクリーンに投影し、自分がそう振る舞う様子をありありと自分に刻み込むように感じてください。

願望がかなわない。いくら願ってもやっぱりお金が入ってこない、という人は、どこかで、お金に背を向けている自分があるはずです。

欲張ってはいけない。お金を欲しがるのは恥ずかしいことだ。そんな思いは一掃してください。欲しいだけ欲しがる。強く、ひたすら、まっすぐに、繰り返し。

それが完全にできたら、気がついたときには、あなたの手元には欲しいだけのお金がどんどん、尽きることなく入ってくるようになっています。

この法則は誰にも公平に、誰にも差別なく、働きます。

▼現在、不幸だという人は「不幸が好きな人」

人生には浮き沈みがあります。結婚の誓いではありませんが、富めるときも貧しいときも、病めるときも健《すこ》やかなときもあります。だから、生涯、幸せが続くということはありえない……。もし、あなたがそう考えているならば、あなたは浮き沈みどころか、沈むばかり、不幸続きの人生を送ることになるでしょう。

現在のあなたの状況は、あなたの心が映し出したあなたの状況です。そこには、あなたの心というバイアスがかかるのです。

あなたの心が曲がっていたり、歪んでいれば、あるいはあなたの心が不幸に傾いていれば、どんな状況も不幸に映ってしまうでしょう。いま、自分は不幸だと嘆いているのは、結局は不幸が好きな人だといいたくなるのは、そのためです。

あなたの現在の状況は、意識的、あるいは無意識的に、あなたが繰り返し抱いていた考え、イメージ、心の破壊的な姿勢がもたらしたものです。

現在の不幸から脱し、幸せになりたいと心底願うならば、そのイメージをかき消し、現実にはどんな困難な状況にあっても、健康で、幸せで、豊かな自分を強く、ありありと、具体的に、きわめて現実的にイメージする習慣を身につけましょう。

これは、マーフィー博士が、不幸な心の習慣から抜け出せずに悩んでいる女性に教えた、人生を変えるための祈りの言葉です。どうしても自分で自分を変革できないときは、この祈りを朝晩、繰り返すことをお勧めします。


「私は、この世界を変えることはできませんが、自分を変えることはできます。この瞬間から、私は悲劇、悲しみ、事故、病気、失敗などから解放され、そうした場合もジタバタすることなく、無限の力に導かれ、必ず、よい方向に向かうことを確信します。私は愛、光、美に満たされ、どんどん幸せになり、どんどん豊かに満たされていきます」

▼〝よい種まき〟をすれば、必ず〝よい実り〟が得られる！

先述した祈りの言葉はあなたの心の畑に落ちて沈みます。そして、やがて時を経て、あなたの中で芽生え、大きく育っていく日を迎えます。

この宇宙は、すべて原因―結果の法則に貫かれています。人の一生、人の人生もその例外ではありません。

あなたがまいた種が原因となり、それらがもたらす結果がそのまま、あなたの人生になります。

よい種をまけばよい実りを得られます。あなたの心にあなたの望む実りを期待できる種をまきなさい。金持ちになりたければ、金持ちになるという種を、美しくなりたいなら、美しくなる種を、ビジネスマンとして成功したいなら、ビジネスに成功する種を。どんな種をまくのか。あなたの思いどおりの種でよいのです。

悪い種をまいておいて、得た結果が気に入らないと嘆くのは最も愚かで、最もばかばかしい生き方です。すでに悪い種をまいてしまった……というなら、その種を取り除いてしまいなさい。

人生のあらゆることは、あなたの成功、繁栄、前進のためにあることを確信できるようになるはずです。

この本の最後に、マーフィー博士が繰り返し述べている「自信あふれる自分に変わり、ひたすら幸福で豊かな人生を突き進む自分に変わる」ための五つのステップをご紹介します。これを全面的に受け入れ、心素直に、確実に実行すれば、あなたの将来は必ず、自分でも信じられないほどの、奇跡のような繁栄に満たされるようになります。

◇「第一のステップ」
過去の自分がどんな自分であろうと、潜在意識に、こうありたいという自分のイメージを刻み込むことにより、過去の自分とは完全に決別できることを、心の底から理解します。

◇「第二のステップ」
前向きで、建設的、肯定的な心の習慣を確立するために、毎日、繰り返し、自分に向かってこう宣言します。

「自分の欠点に気づき、落ち込みそうになったら、すぐに、私の中には驚くべき作用をする潜在意識の無限の力がこんこんと湧いていることに思いを馳《は》せます。この潜在意識の力によって、私はどんな願いもかなえることができます。周囲のすべての人を愛し、私自身も誰からも愛されます」

◇「第三のステップ」

自分をけっして卑下したり、嫌いにならないようにします。自分を愛し、自分を肯定的に受容してください。

◇「第四のステップ」

あなたがこうありたいと強く望むことが現実になった様子を、ありありと具体的に、細部にいたるまで、想像します。

◇「第五のステップ」

いま、あなたが想像したこと、イメージしたことは、どんなことであれ、必ず、実現すると実感することです。

本書は、本文庫のために書き下ろされたものです。

ジョセフ・マーフィー博士のプロフィール
(Joseph Murphy)

精神法則に関する世界最高の講演者の一人。神学、法学、哲学、薬理学、化学の学位をもっている。テレビやラジオを通じて、またヨーロッパ、オーストラリア、日本など各国において精力的に潜在意識の活用についての講演活動を行うかたわら、多数の著書を執筆し世界的にその名を知られている。

マーフィー博士は、誰の心の中にもある〝無限の力〟をいかに解放するか、そのための原理と実践について、豊かな具体例を提供している。その法則は、現在においても、人生におけるあらゆる難問や難題を解く〝黄金ルール〟として絶大な信頼を集めている。一九八一年没。

知的生きかた文庫

マーフィー
あなたは、何《なに》をやってもうまくいく!

著者　マーフィー〝無《む》限《げん》の力《ちから》〟研究会《けんきゅうかい》
発行者　押鐘太陽
発行所　株式会社三笠書房
〒一〇二-〇〇七二　東京都千代田区飯田橋三-三-一
電話〇三-五二二六-五七三四〈営業部〉
〇三-五二二六-五七三一〈編集部〉
http://www.mikasashobo.co.jp
印刷　誠宏印刷
製本　若林製本工場

ISBN978-4-8379-7335-5 C0130